¡Sssssshhhhhhhhhhh!

Haz del teatro algo íntimo
Llévalo siempre en el bolsillo

Cubierta y diseño editorial: Éride, Diseño Gráfico
Dirección editorial: ángel jiménez
Coordinador de la colección: Javier Llanos

Primera edición: junio, 2025

Alejandro y el eunuco persa
© Miguel Murillo
© VdB, 2025
Espronceda, 5
28003 Madrid

VdB

ISBN: 979-13-87644-22-2
Depósito Legal: M-12473-2025
Diseño y preimpresión: Éride, Diseño Gráfico

Este libro protege el entorno

Alejandro y el eunuco persa

Esta obra se representó dentro de la programación
de la 71a edición del Festival Internacional
de Teatro Clásico de Mérida.

Dirección: Jesús Cimarro.

Miguel Murillo Gómez
(Badajoz, 1953)

Ejerció como Maestro en Canarias donde estudió Psicología, Universidad de la Laguna (Tenerife). En 1988 se hace cargo de la Secretaría del Programa Extremadura Enclave 92 que diseñó y llevó a cabo los eventos extremeños relacionados con el V Centenario y la Expo de Sevilla. De 1993 a 1995 dirigió la Editora Regional de Extremadura y es nombrado director del Consorcio Teatro López de Ayala de Badajoz, cargo en el que continúa desde entonces. Es director del Festival de Teatro de Badajoz desde hace 23 años y preside la sección española del Foro Teatral Ibérico creado en 2004. Como autor destacan los Premios Torres Naharro de 1980 y 1982, obtenidos por sus obras *El reclinatorio y Columbella*. En 1983 estrena su primera obra en el Teatro Romano de Mérida *Golfus de Emérita Augusta* y en 1985 gana el Premio Constitución de Teatro con *Las maestras*. Otras obras suyas son: *Perfume de mimosas*, Premio Internacional en Caracas, *El pájaro de plata*, *Y sin embargo te quiero*, *Solo Hamlet solo* (finalista del Premio Nacional de Literatura Dramática), *Antígona* estrenada también en el Festival de Mérida al igual que sus versiones de *La Paz* de Aristófanes o *Los gemelos* de Plauto, y *Armengol* obra con la que obtuvo el Premio Lope de Vega en 2002. En 2011 estrenó *Antígona de Mérida* en el Festival de Teatro de Mérida y en 2012, *Ayax*, también en el Festival de Mérida. Posteriormente ha estrenado en 2014 *Edipo Rey, Hércules, el musical* en 2015, *La bella Helena* en 2017, y *La comedia del fantasma* en 2018 en el mismo Festival. En 2009 año recibió la Medalla de Extremadura.

MIGUEL MURILLO

Alejandro y el eunuco persa

Esta función se estrenó en el Festival de Teatro de Mérida
el 9 de julio de 2025 interpretada por
Guillermo Serrano (ALEJANDRO MAGNO), Miguel Angel Amor (BAGOAS),
Paula Iwasaki (OLIMPIA), Rafa Nuñez (ARISTÓTELES), Silvia Gordillo (AMA),
Francis Lucas (HERÁCLITO), Ana Garcia (ROMANA), Ana Batuecas (BARSINE),
David Gutierrez (HEFISTIÓN), José Lucia (CRATERO),
Juan Carlos Castillejo (KLEYTOS), Crema Pizarro (PTOLOMEO)
y Antonio M. (PARMENO).

Dirección: Pedro A. Penco.

Personajes

BAGOAS
ARISTÓTELES
AMA
OLIMPIA
HERÁCLITO
HEFISTIÓN
ALEJANDRO
CRATERO
KLEYTOS
PARMENO
PTOLOMEO
BARSINE
ROXANA
AQUILES
PROMETEO
ULISES
DIOMEDES
AYAX
HERACLES
CORO DE EUNUCOS
CORO DE GENERALES
CORO DE HÉROES
VOZ

Primera escena.

En escena vemos al Coro de los Héroes *que* Alejandro *Magno admiró en vida. Rodea al cuerpo sin vida del macedonio.*

Coro de Héroes   Y se vino el tiempo empujado por un viento cálido que arrastraba hojas secas.

Heracles   Y los dioses dictaron sus caprichosas leyes. Tu fuerza abre las puertas del Olimpo.

C. Héroes   El que fuera palmera cimbreante y firme, se quebró sin otro empuje que la maldición divina. Como será con todos los mortales en el último instante de su vida.

Aquiles   Mas si la tierra se apoderó ansiosa de tus despojos, tu valor se extenderá más allá de los pergaminos y las leyendas.

C. Héroes   Armas, tesoros, caricias, halagos, lágrimas y oropeles, se cubren de la pátina violácea de la muerte. Y yace sin vida el «Grande».

Prometeo   Cada mañana el sol te acompañará para alumbrar el orbe. Tu luz, Alejandro será fuego eterno.

C. HÉROES   Hijo de Zeus te llaman, hijo de Zeus eres ahora que te sientas a su diestra.

ULISES   Los caminos que te llevaron a la gloria son los mismos que se cierran tras de ti. Delante tienes tu Itaca soñada. La patria de tu gloria.

C. HÉROES   Los campos cubiertos por los narcisos y los jacintos se borran ante tu belleza. Tú, Alejandro, el único mortal que con su muerte anunció la primavera.

DIOMEDES   Te amaron hombres y mujeres. Muchos envidiaron tu belleza. Ahora los dioses se disputan tu rostro y cubren de caricias tu cuerpo. Honor a Alejandro el Grande.

C. HÉROES   Vemos tu cuerpo sin aliento, tus músculos fláccidos, tu semblante imperturbable. Pero esa fuerza será el ímpetu del trueno de Zeus y el calor de la sangre de Afrodita.

AYAX   La fuerza del guerrero, de Ayax invencible, del carnero Crisómalo cabalgando los cielos antes de entregar el Vellocino de Oro, te acoge y te eleva sobre los mortales.

C. HÉROES   Alejandro cabalga hacia el Olimpo. Hijo de Zeus… señor de esta tierra donde dejas despojos y recuerdos. ¡Gloria a Alejandro!

BAGOAS   (*Mientras camina hacia el lugar donde yace* ALEJANDRO.) Como hienas saciadas se retiran en la noche para disfrutar en sus cubiles de la carroña material que te envolvía. ¡Inútiles esfuerzos! (*Se acerca al cadáver de* ALEJANDRO *tirado en el suelo y se abraza a él.*) No han logrado desnudar tu alma, acabar con el suave olor de tu cuerpo, con la cálida textura de esta piel que consagraste a mi culto. (*Besa a* ALEJANDRO.) Si pudiera por un instante recuperar tu aliento, Alejandro, recibir tus labios ansiosos sobre los míos... mezclar mi sangre ardiente con la tuya... Si pudiera ser un dios para reencarnarte, darte de nuevo el poder del amor... La noche se abriría y tu cuerpo ahora desnudo brillaría para cegar a quienes reniegan de ti. (*Poco a poco sube de nuevo el cuerpo sin vida de* ALEJANDRO *al túmulo.*) Pero ha llegado la hora del silencio, del frío y las sombras, de la soledad absoluta. Aquí se queda tu cuerpo inerte, mas tu alma se viene conmigo, es inmortal como nuestra pasión, indestructible como el amor que jamás cederá su fuerza al Hades. Bagoas y Alejandro por siempre juntos. De nuevo otra victoria, tu última y eterna victoria.

(*Sale mientras trompetas anuncian el despertar del día.*)

Segunda escena.

En un lugar de la escena vemos caminar a un hombre no muy anciano. Lleva en las manos unos pergaminos. Es Aristóteles, *preceptor de* Alejandro *Magno.*

Aristóteles (*Habla hacia un lugar de la escena mientras suena el oleaje de un mar próximo.*) Nunca, ¿me entiendes? Nunca se termina de saberlo todo… Y menos con tu edad, Alejandro, menos con tu edad. Yo mismo, al que nombran sabio los ignorantes, y perdona si en ese grupo se incluye tu propio padre, Filipo que se dirige a mí como Aristóteles el Sabio, no sé casi nada… Pero… ¿Dónde te has metido, muchacho inquieto? Ya, seguro que admirando una flor o esos insectos que te atraen tanto… Estés donde estés… Escucha… La primera virtud de un rey, es la humildad… No te rías, no. Dirás… ¿cómo puede ser un rey humilde? Pues pronto conocerás cómo aquellos que jamás se preguntaron tal cosa… y desconocieron esta virtud, reyes excelsos y poderosos, cayeron bajo el peso de su soberbia… Como preceptor tuyo y supongo que amigo, debo lograr que alcances tus sueños, pero nunca olvides que el primer pedestal para lograr la grandeza se llama humildad…

Nunca olvides tus sueños, tu gran sueño, el que te impulsó a avanzar por la faz de la tierra. El sueño de unir a los helenos, de conquistar la tierra y el mar… (*El oleaje se hace más fuerte.*) El mar… con el que tu padre, Filipo, también soñaba, y por el que casi dejó su vida en las campañas de Abdera y Maronea, y con el que no dejó de soñar hasta llegar a Tesalia y darle a Macedonia la grandeza de nuevas rutas.

Nunca olvides tus sueños. Ni seguir pensando que por muchos enemigos que nos acosen, nuestra cultura, nuestro pensamiento, nuestra admiración por la belleza, acabarán por traerlos a nuestro lado… Persas… tebanos… escitas… bactrianos… partos… medos… todos unidos a Grecia por la cultura y el pensamiento… ¡Tu sueño, Alejandro! El sueño que día a día intento mostrarte cercano… ¡No lo olvides!

Y ahora, regresa a mi lado que aún tenemos mucha jornada por delante.

(*El sonido del mar envuelve la escena.*)

Tercera escena.

Un grito desgarrador de mujer atraviesa el espacio. Olimpia, *madre de* Alejandro, *se mesa los cabellos y grita como si estuviera de parto. A su lado hay un espejo y* Olimpia *se mira en él. Acude el* Ama.

Ama   (*A* Olimpia.) Señora… ¿Otra vez?

Olimpia   Y mil veces más. Cada día, cada instante, siempre. Así será. El hijo de mis entrañas nace una y mil veces recordándome aquel dolor que dio paso al mayor de los gozos. Un hijo, mi hijo, naciendo siempre de mí… Una madre, yo, Olimpia, su madre, dándole vida una y otra vez.

Ama   Pero el dolor… Siempre este dolor y este grito que me desgarra el alma, señora. Este inmenso dolor.

Olimpia   ¿Qué dolor? Ya no hay dolor. ¿Acaso te olvidas de quién es Alejandro el Grande?

Ama   No, señora.

OLIMPIA   (*Ante el espejo.*) Su imagen me ha sido mostrada muchas veces en este espejo. Creí gozar del favor de los dioses al verlo reflejado, pero llevo tiempo sin poder contemplarlo y me invaden presagios que me angustian. Acércate y mira tú también. ¿Eres capaz de verlo?

AMA   ¿Yo? Solo soy una sirvienta. Nada más. Los dioses no conceden privilegios a personas como yo. Los designios de las divinidades son mudables y vuestro hijo, nuestro rey, aunque ahora no podáis verlo, goza de sus favores. Pronto volverá a verlo y su ánimo se llenará de júbilo.

OLIMPIA   ¡Oh, terrible espera que multiplica mi dolor de madre!

AMA   No desespere, mi señora.

OLIMPIA   (*Abre un saco o una cesta y extrae una enorme serpiente. También puede hacerlo, sin serpientes vivas, con varios báculos coronados con diferentes formas a modo de serpientes.*) Oh, hija de Python, señora de Delfos, en quien Zeus se encarnó para abrazarme… ¿Dónde podré encontrar a mi hijo?

AMA   Señora, con mis respetos… Hace tiempo que estas serpientes decidieron dormir… ¿Es oportuno despertarlas? Déjelas en su quietud eterna como objetos de devoción.

OLIMPIA   ¿Quietud? ¿De qué quietud me hablas? Jamás me abandonaron. ¿Te olvidas de que fue el mismo Zeus bajo estas escamas quien engendró en mí a Alejandro?

AMA   (*Horrorizada.*) ¡Callad! Los sacerdotes la amonestaron por ello y hasta su hijo…

OLIMPIA   Estupideces… Las enseñanzas de ese tibio Aristóteles lo llevan a olvidar su origen. Pero es hijo de Zeus… mi hijo… Y nadie puede negarlo en presencia de estos seres que me protegen.

AMA   ¡Señora!

OLIMPIA   (*Alza la serpiente.*) ¡Hijo de Zeus! ¡Mi hijo!

(*Lanza el grito del parto.*)

Cuarta escena.

Delante de la tienda de ALEJANDRO *vemos a un extraño personaje,* HERÁCLITO, *actor y bufón del rey. Desde el exterior llegan gritos de victoria.*

HERÁCLITO   (*Imita a un guerrero.*) Hoy es el triunfo, nuestro triunfo. Todo a nuestro alrededor está sembrado de cadáveres. ¡Honor al triunfador y héroe! Aunque como actor tengo una gran duda. ¿Qué le agradará al gran Alejandro hoy? La marcialidad de uno de sus soldados, el gesto de horror de uno de sus vencidos, o la risa alegre y saltarina de su actor preferido, yo, el insigne Heráclito de Artemusa... No sé. Pero en fin. Ahí llega.

(*Con un gesto señala la llegada de* ALEJANDRO *y* HEFISTIÓN, *su general de confianza. Detrás viene un joven,* BAGOAS, *que al entrar en la tienda se postra de rodillas.*)

HEFISTIÓN   (*A* ALEJANDRO.) Has abierto la puerta del mundo... La casa del camello, Gaugamela, está teñida en sangre y los persas en su huida han sido arrasados por un río rojo que llega hasta el Tigris.

ALEJANDRO   Me hablan de que Darío ha sido asesinado por los suyos... ¿Es eso cierto?

HEFISTIÓN   ¿Y eso qué importa, Alejandro? Solo tu imagen sobre el cerro brillando con el sol es el recuerdo que perdurará.

ALEJANDRO   ¿Brillando? ¿Tú te has visto, me has visto? Cubiertos de polvo, de sangre y sudor... ¿Qué sol puede detenerse a engalanarnos? ¿Y los poetas? ¿A quién se le ocurre rodearnos de poetas cantando cosas horribles para... animarnos? Creo que los persas huyeron por esos cánticos...

HEFISTIÓN   Tú, y tu incorregible manía de quitarte méritos.

ALEJANDRO   Y tú adulándome siempre.

HEFISTIÓN   ¿Adularte yo? No, amigo... Sabes bien que al mínimo resquicio que tu poder ofrezca, con mi espada cortaré tu cuello... Y ocuparé tu trono.

ALEJANDRO   (*Ríe.*) ¿Cortarás mi cuello? Oh, querido Hefistión... Yo pensaba que eran otros los generales que querían hacerlo. ¿Pero tú?

HEFISTIÓN   ¿No me crees capaz?

(*Los dos hombres forcejean como camaradas y entre risas.*)

ALEJANDRO   (*Se detiene y descubre a* BAGOAS.) ¿Y este
quién es?

HEFISTIÓN   Un regalo.

ALEJANDRO   ¿Un regalo?

HEFISTIÓN   Se trata de Bagoas, un eunuco de Darío que
descubrí bajo los cadáveres. Por lo visto es
eficiente y limpio. Ah, y noble.

ALEJANDRO   ¿Noble?

HEFISTIÓN   Dicen los prisioneros persas que viene de la
estirpe de Ciro. ¡Vete a saber!

ALEJANDRO   (*A* BAGOAS.) Álzate.

HEFISTIÓN   (*Protesta.*) Es un siervo.

ALEJANDRO   (*Contempla detenidamente a* BAGOAS.) Es un
hombre… un joven bello y fuerte. ¿Te gustaría entrar a mi servicio?

(BAGOAS *no sabe qué decir.*)

HEFISTIÓN   Solo es un regalo. Puede gustarte o no… Y
en ese caso, te busco otro. Todo con tal de
verte sonreír tras la victoria.

ALEJANDRO   (*Señala a* HERÁCLITO.) No, gracias. Para sonreír ya tengo a Heráclito…

HERÁCLITO (*Un poco descolocado.*) Yo creía que lo oportuno era… o tal vez no era… Pero creo que podría interpretar una comedia en la que un soldado glotón…

ALEJANDRO (*A* HERÁCLITO.) No. Déjalo para mejor ocasión. Ahora quiero descansar (*Señala a* HEFISTIÓN.) Si no hay alguna tarea que hacer.

HEFISTIÓN La hay.

ALEJANDRO (*A* HEFISTIÓN.) Punto en boca. (*A* BAGOAS.) No hay más que hablar, Bagoas. Entrarás a servirme con una condición… ¿Entiendes mis palabras?

BAGOAS Sí, mi señor.

ALEJANDRO La condición es que jamás vuelvas a postrarte ante mí. (BAGOAS y ALEJANDRO *se miran a los ojos directamente, intensamente. Sin dejar de mirar a* BAGOAS. *Como hipnotizado.*) Puedes ir adecentando esta estancia.

HEFISTIÓN (*Toma a* ALEJANDRO *por el brazo.*) La tarea, Alejandro. Nos esperan los generales y la tropa para celebrar la victoria.

ALEJANDRO (*Burlón a* HEFISTIÓN.) A tus órdenes, mi general.

(ALEJANDRO y HEFISTIÓN *salen y se van.* BAGOAS *queda solo y recoge vestiduras del suelo.*)

BAGOAS   (*Con una túnica de* ALEJANDRO *en las manos.*) ¿Qué me ocurre? Debería tomar una de sus espadas y acabar con mi vida. Darío muerto… Mis gentes abandonadas en el campo de batalla… Estoy solo y mi destino es incierto. Debería morir mas hay algo en él… (*Huele la túnica.*) Hay algo en este hombre que me pide estar aquí, vivo y a su lado… ¡Oh, maldita condición la mía! No poder salvar esta atracción sabiendo que solo en el filo de una espada está mi libertad… ¿Qué me ocurre que mis ojos son incapaces de mostrarle el odio que anida en mi pecho? ¿Qué es lo que he sentido cuando su mirada me ha recorrido por entero?

HERÁCLITO   (*Que no se ha ido aún de la tienda, aplaude a* BAGOAS.) ¡Muy bien! ¡Una interpretación extraordinaria… Tragedia ante la vida vana… amor imposible… odio… Oye, chico. ¿No serás también actor? ¿O uno de esos dramaturgos? No… no. Dramaturgo, no. Eres muy joven.

BAGOAS   ¿Actor? ¿Eso qué es?

HERÁCLITO   Bueno, es algo complicado para explicar ahora… Me tengo que unir a la celebración. Ya te contaré más tarde.

(*Sale de escena.*)

Quinta escena.

Llegan los generales de ALEJANDRO: KLEYTOS, PTOLOMEO, CRATERO *y* PARMENO. *Vienen casi borrachos.*

CRATERO   Huyeron sin volver la vista. Darío iba el primero, huyeron como mujerzuelas, esos persas tan... (*Burla.*) temibles...

KLEYTOS   Aún mi mano sigue segando cabezas... (*Mueve la mano como cortando hierba.*) ¡Zas, zas, zas! ¿Y sus ojos? Abiertos pidiendo piedad... ¡un segundo! Luego... ¡zas!. Se cerraron.

PARMENO   Huyeron como ovejas a la llegada del lobo. Y su sangre borraba sus sombras. Hasta que el sol se detuvo.

CRATERO   ¿El sol se detuvo? Por mi vida que has bebido de más, PARMENO.

PARMENO   Claro que he bebido. (*Terrible.*) Y un buen trago en el cráneo de un general persa... Pero aún no estoy borracho y te digo que el sol se detuvo, borró la sombra de los enemigos y dejó... ¿A que no sabéis que dejó?

KLEYTOS   (*Ríe borracho.*) ¡Un buen cántaro de vino en mitad del desierto!

PARMENO   Nuestras sombras. Solo nuestras sombras.

PTOLOMEO   De todos los hombres de nuestro ejército que como segadores llevaban el ritmo preciso, solo uno detenía su furia y dejaba escapar a su víctima.

CRATERO   (*Se burla.*) Solo uno de nosotros dio oportunidad al enemigo, Alejandro. Glorioso y piadoso, así es nuestro rey. Y temo que así un día acaben los perdonados con todos nosotros.

PARMENO   La piedad solo trae más sangre, la de los piadosos.

PTOLOMEO   La piedad impide que se vierta la sangre de los inocentes, niños, mujeres…

PARMENO   (*A* PTOLOMEO.) ¿Inocentes? ¡Son bárbaros! No lo olvides, Ptolomeo, bárbaros. Y nuestro trabajo consiste en eliminarlos. (*Como buscando algo.*) ¿No hay más vino en las cántaras? ¿Acaso la victoria no merece más vino?

KLEYTOS   Vino, flores, mujeres… vítores. Es la victoria, nuestra gran victoria. ¡Honor a Grecia!

CRATERO   Cierto. Es la hora de llegar a nuestras tiendas. Allí nos esperan desnudas y perfumadas nuestras mujeres de blanca piel.

PARMENO

Es la hora de cambiar la espada por las caricias. La hora del goce y los gemidos de placer.

(El grupo de generales se disuelve y detrás llegan ALEJANDRO y HEFISTIÓN. Entran en la tienda abrazados. En un momento dado, HEFISTIÓN toma la cabeza de ALEJANDRO con intención de besarlo. Hay una leve resistencia de ALEJANDRO. BAGOAS que está escondido detrás de un biombo, ve lo que ocurre y salta hasta los dos hombres intentando separar a HEFISTIÓN de ALEJANDRO.)

HEFISTIÓN

(Muy sorprendido saca su espada.) ¿Qué haces, muchacho?

ALEJANDRO

(A HEFISTIÓN.) ¡Detente! Creo que hay un error. El muchacho te ha malinterpretado. *(A BAGOAS.)* Te agradezco, Bagoas, tu gesto, pero no hay ninguna mala intención en mi amigo.

BAGOAS

(Avergonzado.) Perdón, mi señor… *(A HEFISTIÓN.)* Disculpadme, señor… Pensé que iba a…

HEFISTIÓN

(A ALEJANDRO.) Apenas lleva un rato contigo y ya te tiene una lealtad encomiable. *(A BAGOAS.)* Una cosa debo decirte… *(A ALEJANDRO.)* Si me permites…

ALEJANDRO

Por supuesto.

HEFISTIÓN   (*A* BAGOAS.) Ver, oír y callar… Y de pensar por tu cuenta, ya hemos hablado.

ALEJANDRO   Te equivocas, querido Hefistión, precisamente está aquí para pensar… Siempre pensar y evitar impulsos como los tuyos. (*A* BAGOAS.) Y como el tuyo, Bagoas.

HEFISTIÓN   ¿Quieres que frene mis impulsos?

ALEJANDRO   (*Burlón.*) No, ni mucho menos… pero prefiero la intimidad. (*A* BAGOAS.) Sal de la tienda y no vuelvas hasta que el sol comience a despuntar.

    (BAGOAS *sale.* ALEJANDRO *comienza a desvestir a* HEFISTIÓN *que se deja hacer.*)

HEFISTIÓN   ¿No hablabas de mis impulsos? Y ahora…

ALEJANDRO   Huelen tus ropas a sangre.

HEFISTIÓN   Y las tuyas.

ALEJANDRO   ¿A qué esperas?

HEFISTIÓN   (*Despoja a* ALEJANDRO *de sus vestiduras.*) Tenemos por delante horas de lucha sin sangre.

ALEJANDRO   (*Desnudo frente a* HEFISTIÓN *también desnudo.*) Mejor así, sin nada que ocultar.

HEFISTIÓN   Como los luchadores antiguos. Ahora podría posarse el sol sobre tu piel y hacerte brillar como a un dios.

ALEJANDRO   Pero es de noche. Como entonces cuando apenas éramos dos chiquillos y nos bañábamos en el mar. En las noches y bajo el manto de estrellas.

HEFISTIÓN   Como entonces. Me temblaba la mano cuando la acercaba a tu piel.

(*Acerca su mano a* ALEJANDRO.)

ALEJANDRO   Y mi piel, y todo mi cuerpo, temblaba al ver acercarse tu mano.

HEFISTIÓN   (*Acaricia a* ALEJANDRO.) Ahora sigue siendo igual. (*Ríe.*) Dos guerreros implacables temblando ante sus pieles desnudas…

ALEJANDRO   ¿Tú me amas?

HEFISTIÓN   ¿Debería hacerlo?

ALEJANDRO   ¿Me amas, Hefistión?

HEFISTIÓN   ¿Y esta pregunta? Siempre has sido de pocas preguntas y rápido en entrar en el juego…

ALEJANDRO   Antes, dices bien. Cuando el deseo nos atrapaba sin descanso… Como dos potros salvajes. Pero ahora es distinto.

HEFISTIÓN   ¿Qué ha cambiado? ¿Ya no me deseas igual?

ALEJANDRO   Sí, claro que te deseo mas comienzo a necesitar tanto al amante como al amigo sereno. Dime. ¿Me amas?

HEFISTIÓN   No te amo… te adoro.

ALEJANDRO   (*Se da la vuelta y se aleja de* HEFISTIÓN.) ¡No quiero volver a oírlo! ¡Me adoran, me adoran, me adoran! Hasta mi madre dice que soy hijo de Zeus… ¡No quiero adoración! Se adora a los dioses, pero no se les ama. No se les puede amar. No se puede aspirar a acariciar su piel, a necesitar su aliento, a gemir sobre ellos. No se puede aspirar a envejecer junto a los dioses como hermanos y camaradas. Son frías estatuas. ¡Yo soy un hombre mortal!

HEFISTIÓN   (*Abraza con fuerza a* ALEJANDRO.) Mi hombre mortal, y mi dios de piel blanca. Te amo, Alejandro… ¡Claro que te amo! Y deseo un futuro a tu lado, siempre juntos, en las batallas y en el tálamo…

(ALEJANDRO y HEFISTIÓN *se besan y se recuestan en el lecho.*)

Sexta escena.

Coro de Eunucos   Silencio después de la batalla. El sol aparece bajo cenizas y lágrimas.

Voz   Hay quien no puede alzarse de su lecho porque sobre él se ha sentado la Muerte.

C. Eunucos   No parece un nuevo día sino el mismo día de siempre.

Voz   De los caídos nadie recuerda su nombre. Los poetas cantan a la vida. ¡Qué error!

C. Eunucos   Sabed que al final llegará de nuevo la noche. Al menos será un descanso.

Voz   Gira, gira, gira el día y da paso a la noche. De las risas surgen ahora los llantos. Luz y oscuridad. Vida y muerte.

C. Eunucos   Gira, gira, gira el destino. Para unos la gloria, para otros las cenizas. Así es la vida y la muerte.

(El sol está sobre el campamento griego. Delante de la tienda vemos a Bagoas *llenando un cántaro con agua y ordenando garrafas con*

aceites y tiras de lienzo como vendas. Llega ALEJANDRO.)

BAGOAS Mi señor, hoy no han cantado los poetas al alba.

ALEJANDRO He prohibido sus cantos hasta que se acallen los lamentos de los heridos.

BAGOAS (*Ofrece agua a* ALEJANDRO.) Venís fatigado, bebed.

ALEJANDRO Guarda el agua para los heridos, la necesitan más que nosotros. ¿Qué victoria está completa mientras docenas de guerreros se retuercen de dolor? Vamos. Necesito volver hasta ellos y ponerles las vendas…

BAGOAS No es trabajo para un rey.

ALEJANDRO ¿Cómo dices? ¿No es trabajo para un rey? ¿Acaso sabes tú qué trabajo es digno de reyes? Deberías observar cómo me besan las manos mientras reduzco sus heridas, sus tajos sangrantes, sus úlceras infectas, sus miembros retorcidos por los golpes. Mientras saco la cabeza de los venablos, la punta de las flechas que horadan sus carnes. Uniendo mi fuerza con su dolor. Entonces es cuando me considero su rey. Cuando me miran con cariño y no con temor.

BAGOAS Pero ponéis en riesgo vuestra salud.

ALEJANDRO Y, de paso, me pongo a buen recaudo porque mañana en la batalla esos ojos me volverán a mirar diciendo… «No importan las heridas a su lado porque luego estará junto a nosotros curándolas». Así avanza un ejército. No lo olvides. (*Aquí sería importante que alguien, si producción lo cree posible, acercara un caballo, Bucéfalo, viejo y cansado. ALEJANDRO al ver a Bucéfalo deja las cosas que iba a llevar a los heridos y muestra una alegría fuera de lo normal, una alegría emocionada y nerviosa. Se acerca y acaricia a Bucéfalo.*) Bucéfalo, mi caballo…

BAGOAS ¿Bucéfalo? ¿Qué le ocurre?

ALEJANDRO ¿No lo ves? Está conmigo. (*Se acerca al que trae el caballo y parece hablar algo con él. A BAGOAS.*) Lo han devuelto quienes me lo robaron. Esos mardianos pueblo de bandidos aprovecharon un descuido de mis caballerizos y lo robaron… Y ahora me lo devuelven. Han devuelto todos los caballos robados tras escuchar mi promesa de incendiar sus poblados y sus bosques. Ahora está aquí, Bagoas, Bucéfalo está de vuelta… (*No puede dejar escapar las lágrimas mientras acaricia a Bucéfalo.*)

BAGOAS (*Ve cómo ALEJANDRO llora junto al caballo.*) Mi señor, mi amo… No puedo por menos emocionarme como vos…

ALEJANDRO Bucéfalo es más que un caballo… ¿Sabes por qué huía de todos? Porque temía las sombras…

Nadie lo quería. Fue un descarte que llegó a manos de mi padre, Filipo, y fue él quien me lo regaló. Era indomable, esquivo, mal encarado y nervioso. No había en toda Macedonia quien fuera capaz de montarlo. Pero descubrí que poniéndolo frente al sol y evitando que viera sombras, se calmaba. Poco a poco, con paciencia y caricias logré montarlo y desde entonces ha estado conmigo. Y cuando temí haberlo perdido, aquí está, de nuevo conmigo.

BAGOAS   (*Acerca sus manos al rostro de* ALEJANDRO *para enjugarle las lágrimas.*) Vuestras lágrimas hablan de mucho amor hacia ese caballo y de un corazón distinto a los demás... Y os honran.

ALEJANDRO   Cuando al fin mi padre me vio sobre él, me dijo: «Hijo mío, lo has logrado. Ahora sé que Macedonia es muy pequeña para ti, y que tus horizontes son infinitos... Tú dominarás a cualquier enemigo que se interponga en tu camino» (*Besa y acaricia al caballo.*) Bucéfalo, mi fiel y querido Bucéfalo.

(ALEJANDRO *sale de escena llevando a Bucéfalo.*)

BAGOAS   (*Se mira las manos.*) Sus lágrimas, me ha dejado sus lágrimas. (*Besa las lágrimas.*) El más grande de los mortales llora por su caballo... Se agota por sus soldados heridos y hasta mi lecho guardó muchas noches mientras las fiebres me consumían... Sus lágrimas y su mirada. La mirada de un hombre... solo de un hombre, capaz de dar vida, de encontrar la vida donde parece reinar solo el dolor y la muerte... ¡Oh, Alejandro! Mi hombre y mi dueño... Mi vida en medio de esta soledad y dolor. Este hombre será mío... sí... será mío... por encima de cualquier otra cuestión, será mío aunque me cueste la vida.

C. Eunucos Logra, al fin, descubrir el hombre la razón de su existencia. Tras preguntarse por qué alienta, sufre o goza, un día aparece ante él la razón de su existencia.

Voz Gira y gira la rueda de la vida. Y aunque parezca detenerse o cambiar su rumbo, es cosa de su mirada o capricho de su corazón.

C. Eunucos No cejes en tu empeño. Los dioses te guardan notables regalos. Detrás de las lágrimas se esconde la razón del alma. ¿Reír, llorar? Así habla el corazón.

Voz El laberinto finaliza dentro de ti. No busques otra salida. Los dioses y los hombres juegan a esconderse. Los dioses y los hombres se pierden en sus pasiones y de ahí surge siempre la vida.

C. Eunucos El laberinto que ahora te atrapa es tu destino. Rechazar su oferta de múltiples senderos sería aceptar la muerte sin remedio. Te

preguntas por qué alientas, sufres o gozas.
Gira, gira… y elige cualquier ruta, eso es
vivir.

Séptima escena.

HERÁCLITO *está en la tienda de* ALEJANDRO *con una especie de sonajero en las manos. Da saltos y hace cabriolas.* BAGOAS *mira ensimismado a* HERÁCLITO.

HERÁCLITO *(Pone voz de falsete.)* Y entonces, yo, la hetaira más hetaira de todas las hetairas llego ante mi amo y digo: oh, señor, mi señor, ¿qué perfume os agrada más, el de la naranja o el del limón.

BAGOAS *(A* HERÁCLITO.) Eres pues… ¿un hombre y una mujer al mismo tiempo?

HERÁCLITO ¿Cómo dices? Yo soy yo, Heráclito, un actor.

BAGOAS ¿Un qué?

HERÁCLITO Actor… Teatro… Farsa…

BAGOAS No sé de qué me hablas.

HERÁCLITO Ah, ya… Los persas no sabéis qué es el teatro…

BAGOAS No.

HERÁCLITO   Pues el teatro es... es... Mira, yo un día soy un poderoso, al siguiente, un mendigo... Hoy rey, mañana, esclavo... Ahora hombre, después, mujer... (*Saca dos máscaras, la de la tragedia y la de la comedia. Entrega la de la tragedia a* BAGOAS.) Ponla ante tu cara. (*BAGOAS se pone la máscara.*) ¡Ya está! El horror, el espanto y el vértigo tras haber dado muerte a tus propios hijos, Medea... ¡Oh, Medea, ante ti se abre el abismo de la desesperación y la locura!

BAGOAS   (*Se quita la máscara.*) El horror... la muerte de sus propios hijos...

HERÁCLITO   (*Le pone de nuevo la máscara.*) Y ahora... el desafío a los dioses, la rebeldía, y el final terrible dentro de la cueva tapiada. ¡Oh, Antígona que antepusiste tu piedad filial a lo que ordenan las leyes! ¡Debes morir!

BAGOAS   (*Se estremece.*) ¿De qué me hablas?

HERÁCLITO   Del Teatro. El más noble arte, el único capaz de crear horror y llevar esta máscara deforme a los rostros de quienes nos contemplan... y deformarles el alma y el pensamiento.

BAGOAS   ¿Y para qué esa otra máscara?

HERÁCLITO   (*Se pone la máscara de la comedia.*) Para lo contrario. Para llenar el alma de quienes nos observan y escuchan, de risas y... pensamientos ocultos… a veces, para decir lo que no se puede decir sin máscaras. (*Hace un gesto.*) Ahora un marido contrariado porque su esposa no lo acepta en el tálamo…

BAGOAS ¿Y eso da risa?

HERÁCLITO Mucha… Un éxito. Lisistrata… la huelga de las mujeres que cerraron las piernas en sus lechos… porque sus maridos solo se ocupaban de las guerras.

BAGOAS ¿Hay más?

HERÁCLITO Muchas más. Por ejemplo… El viejo avaro que guardaba una olla de oro y se la quitaron con mil artimañas a cada cual más jocosa… O la del bufón que hace reír al mismísimo rey.

ALEJANDRO (*Llega. A* HERÁCLITO.) Cosa que no consigues casi nunca, Heráclito, por mucho que lo intentes.

HERÁCLITO Pero una vez, os reísteis…

ALEJANDRO Sí… Hace… no sé cuanto tiempo. Y quiero recordar que fue por la patada en el culo que te dio el general Kleytos. Ahora vete y déjanos a Bagoas y a mí en paz que tenemos otros asuntos más importantes que hacer.

HERÁCLITO (*A* BAGOAS.) No lo olvides, muchacho, Teatro… Teatro… Un día rey, otro, esclavo… Como la vida misma, como tú, hoy ¿quién eres? ¿Quién eras ayer? Tragedia y comedia… (*Se pone y se quita alternativamente las dos máscaras.*) ¿Quién eres, muchacho?

(*Sale* HERÁCLITO.)

ALEJANDRO Buena pregunta la suya.

BAGOAS No me gusta ese hombre… actor. Bueno, no es que no me guste, es que es difícil de entender.

ALEJANDRO Por una vez, Heráclito ha dicho algo interesante. ¿Quién eres, Bagoas? He oído decir que provienes de la estirpe de Ciro.

BAGOAS Son viejas historias que se contaban en mi familia. Todas las noches los ancianos hablaban de aquello que otros ancianos habían contado… A mí me gustaba escuchar aquellas palabras dulces…

ALEJANDRO Dulces, sí… Tu idioma suena como música. Me gustaría aprender el persa… De tu boca…

BAGOAS Claro. No es difícil… Por ejemplo, *salam*, quiere decir, hola. Y *jodahafez*, adiós. *Mamnoon* es gracias. Y *dust*, amigo.

ALEJANDRO   *Dust…* suena bien.

BAGOAS   Y *eshgh…* es amor.

ALEJANDRO   *Eshgh… eshgh…* amor. Sí que es dulce. Podría hacerme de un libro para que me enseñes…

BAGOAS   No sé leer.

ALEJANDRO   Vaya… Bueno, habrá que confiar en la memoria. Con esas palabras dulces conociste tu historia.

BAGOAS   Yo quería ser como Ciro, que había muerto muchísimo tiempo antes, siglos, pero su recuerdo permanecía todas las noches entre nosotros. ¿Sabes que su abuelo quiso matarlo de niño?

ALEJANDRO   Lo sé. Herodoto, un historiador griego, así lo cuenta. Y que quien debía matarlo, no lo hizo y lo recogió un pastor.

BAGOAS   El pastor, Mitrídates…«Haman-tor ke baraye man etefagh oftad».

ALEJANDRO   ¿Qué dices?

BAGOAS   Digo… «Como me sucedió a mí». Que mantuve la vida cuando todos me daban por muerto».

ALEJANDRO Tu boca destila miel cuando hablas en tu idioma.

BAGOAS (*Al ver que* ALEJANDRO *se aproxima.*) Sé muchas más cosas…

ALEJANDRO Ahora no, Bagoas… Es la hora de mis perfumes.

BAGOAS (*Señala el lecho de* ALEJANDRO.) Todo está preparado.

ALEJANDRO (*Se desnuda.*) Esgh… amor… Desnúdate.

BAGOAS Mi señor…

ALEJANDRO Quiero verte. Apreciar por fin mi regalo.

BAGOAS (*Se desprende de la túnica.*) ¿Así?

ALEJANDRO (*Se pega al muchacho.*) Mejor así…

(*Los dos hombres permanecen unidos y desnudos. Poco a poco* ALEJANDRO *toma de la mano a* BAGOAS *y se recuestan en el lecho acariciándose. Comienzan a amarse. Ante la tienda aparece el* CORO DE EUNUCOS.)

C. EUNUCOS Como dos juncos entrelazados los sorprenderá la aurora.

VOZ El muchacho persa con voz de almíbar.

C. Eunucos   Forcejeando los miembros por romper el hechizo.

Voz   El rey poderoso gimiendo como un niño.

C. Eunucos   La sangre ardiendo entre sus corazones y sus cerebros.

Voz   Una y otra vez en lucha sin fin.

C. Eunucos   Mientras la marea del gozo se acerca hasta sus playas deseosas.

Voz   Una y otra vez, sin dejar de llevar el ritmo de la carne.

C. Eunucos   ¡Y al fin, agotados, como muñecos rotos, descansar el uno sobre el otro!

Octava escena.

OLIMPIA *en su lugar. Se mueve nerviosa.*

OLIMPIA   ¡Ama! ¿Dónde estás?

(Llega el AMA.*)*

AMA   Señora. ¿Qué queréis de mí?

OLIMPIA   ¿Y los mensajeros?

AMA   Llegaron hace una semana con la noticia de su nueva victoria. Y los presentes. Los bordados de Damasco y las joyas reales arrebatadas a Darío.

OLIMPIA   ¿Solo eso? ¿Unas simples telas y cuatro baratijas? ¿Acaso el rey de Grecia no tiene más que decirle a su madre? ¿Hacia dónde dirige sus pasos? ¿Quién cuida de él? ¿Está herido o goza de buena salud? Algo más he de saber de mi hijo…

AMA   Llegan crónicas de su avance. Ha vencido en todas las batallas y todos hablan de su deseo de alcanzar más allá del desierto.

OLIMPIA   Todos hablan, todos hablan… ¿Y qué dicen? ¡Nada! Especulaciones, suposiciones vagas, habladurías… Una madre tiene que saber en cada momento donde está su hijo. Me sobran esas crónicas. Aquí dentro, en mi corazón, en mi vientre, hay un lugar en el que se resguarda el eco, su eco. El mismo lugar que dejó vacío al nacer. Y sé perfectamente que de ocurrirle algo… (*Se estremece.*) dentro de ese lugar notaré una sacudida como aquellas que me daba mientras estaba en mi vientre. Era un niño fuerte…

AMA   Y bello. El más bello de Macedonia.

OLIMPIA   ¿Qué ha ocurrido con mis cartas? Un hijo debe responder directamente a su madre. (*Al espejo.*) ¿Qué están tramando los dioses que me niegan su imagen en este espejo? ¿Por qué tanto silencio?

AMA   Vuestras cartas salieron de vuelta con aquellos hombres. Hay que esperar su respuesta.

OLIMPIA   Las cartas… (*Recita.*) «Mi amado hijo, Alejandro, rey de Macedonia y señor de Asia… Los dioses te protegen y te guían pues no hay otro que pueda actuar como tú. Te escribo desde Pella, donde la sombra de tu padre aún cubre los muros, pero es tu nombre el que llena los corazones…». (*Sombría.*) Temo algo, Ama.

AMA   ¿Qué teméis? Vuestro hijo avanza victorioso.

OLIMPIA	Las serpientes no cesan de removerse en sus cubículos. ¿Avanza él, son las victorias sus victorias? ¿Y si alguien ha acallado su voz y usurpado su trono? Las serpientes no cesan de removerse, Ama.
AMA	Es el viento que va a cambiar.
OLIMPIA	Son los presagios. En la mirada de algunos adivino algo que me trastorna. Lo rodean seres ambiciosos y aduladores que aunque se inclinen ante su poder, ambicionan su trono.
AMA	Está rodeado por fieles servidores. ¿Qué temer?
OLIMPIA	¿Olvidas cómo murió Filipo, su padre y mi esposo?
AMA	Señora, mejor dejemos este tema.
OLIMPIA	¡No! No puedo dejarlo. Sus guardias personales, su amigo del alma, Pausanias, clavó la daga en su corazón mientras celebraba el matrimonio de su hija…
AMA	Dejémoslo aquí.
OLIMPIA	¿También tú? No quieres hablar, pero lo dices todo. Muchos de vosotros me señalasteis como instigadora creyendo que estaba celosa de su segunda esposa, Cleopatra Eurídice. Incluso a mi propio hijo marcasteis como

culpable de la muerte de su padre. Así suceden las cosas en este reino. Por eso mi corazón está inquieto. ¿Quién me garantiza que está a salvo por muy leales que se digan sus generales?

AMA   Las serpientes deberían recibir un sacrificio para vuestra serenidad.

OLIMPIA   Hijo mío, tu marcha hacia el este estremece a los dioses y a los hombres, y me estremece a mí, tu madre. ¡No es solo Persia lo que enfrentas sino tu destino!

AMA   (*Toma un pebetero y quema incienso. Luego se lo pasa a* OLIMPIA.) El destino de vuestro hijo está marcado por ellas, las serpientes.

OLIMPIA   (*Acerca el pebetero a los báculos de las serpientes.*) Y ellas dirigirán tus pasos, hijo mío. (*Mueve el pebetero ante los báculos de las serpientes.*) Ellas con su forma silenciosa y discreta de actuar, irán abriéndote el camino y apartarán a quienes te desean mal.

AMA   Ellas cuelgan del trono de Zeus todopoderoso.

OLIMPIA   Tu padre, Alejandro, hijo de dios.

Novena escena.

ARISTÓTELES *con un pergamino en las manos que acaba de leer, cae abatido. A su lado un escribiente lo observa.*

ARISTÓTELES En mala hora llegaron tus mensajeros, Alejandro, mi amado discípulo. Y en mala hora he conocido estas noticias en las que me hablan de cosas terribles impropias de alguien que recibió mis enseñanzas. Y de todas la más nefasta, es la de la muerte de mi querido discípulo, Kalístenes, tu propio sobrino, mi querido Kalistenes, un hombre justo y honrado que se puso a tu servicio para hacer crónica de tus campañas... ¿Por qué él? ¿Por qué murió de tu mano? ¿En castigo de qué? Dicen que te increpó. Y si lo hizo pienso que buenas razones tendría... Vio tu forma impía de actuar creyéndote un semidios, te vio desertar de nuestras costumbres, vestir como un sátrapa persa o convivir con eunucos extranjeros. ¿Acaso no tenía razón? ¿Acaso a un rey, mortal entre los mortales, no se le pueden exigir normas? ¿Quién te crees que eres, Alejandro? ¿Alguien por encima del recto juicio y al que la justicia le es ajena? Hubo un tiempo en el que las noticias que llegaban sobre ti hablaban de un rey piadoso, cercano a sus soldados, carente de ambición y preocupado por extender nuestra cultura a otros pueblos. ¿Qué ha ocurrido? ¿Qué ha cegado tu mente para dejar atrás esos propósitos y convertirte en alguien capaz de asesinar a inocentes? No te reconozco, Alejandro, no te reconozco en estas noticias que me llegan. Y temo tanto por ti como por mí. Podrías en tu locura, abjurando de la senda de la razón, matar dos veces a la filosofía. Ya que con Kalístenes ha muerto una vez en ti. (*Se desespera.*) Pero no tú, no tú, Alejandro. Desde el primer día que tu padre, nuestro amado y llorado Filipo, te entregó a mi tutela, vi en ti un hombre piadoso, inteligente y recto. Un hombre que llegaría a ser un rey piadoso, justo y generoso. Un rey que lograría integrar a los pueblos bárbaros y extender nuestra cultura por todos los senderos del orbe. Tú eras capaz de hacerlo. Pero las noticias que me llegan… (*Intrigado.*) ¿Y si esas noticias no fueran ciertas? ¿Y si alguien con intención perversa estuviera manchando el nombre de nuestro rey para un fin espurio? Tiempos estos en los que la verdad y la mentira conviven para confusión de las gentes… ¡Tú, no, Alejandro! ¡Tú, no! (*Al escribiente.*) Rápido, toma nota de lo que te voy a decir. Necesito que reciba mis instrucciones… Necesito conocer la verdad. Es preciso que la luz de la verdad ilumine esta noche.

(ARISTÓTELES *hace que dicta al escribiente.*)

Décima escena.

HERÁCLITO   (*Cruza la escena como un espectro.*) La noche, la noche, siempre la noche. Ayer era el sol, ahora, las tinieblas… Miradme… (*Se pone la máscara de la tragedia.*) Soy la noche preñada de presagios… Pronto daré a luz algo terrible y monstruoso. (*Duda y se pone la máscara de la comedia.*) O no… Y todo es solo una farsa.

(*Sale a escape. De forma casi clandestina y en un lugar del campamento vemos llegar a los generales* KLEYTOS *y* PARMENO.)

KLEYTOS   En todos mis años de soldado jamás podría imaginar verme de esta forma, escondido y temeroso, entre sombras como un ladrón de ganado.

PARMENO   Es necesario Kleytos, no podemos esperar más. Tenemos que reaccionar.

KLEYTOS   ¿Quiénes? ¿Tú y yo?

PARMENO   Vendrán. Llevo muchos años sirviendo en el ejército, tantos que ya no sé cómo tratar a los simples mortales con los que me cruzo, y he aprendido algo muy valioso, un soldado de verdad, un auténtico guerrero, no deja que su alma se apacigüe mientras la infamia lo rodea. Por eso estoy aquí.

KLEYTOS

Tal vez Cratero cuando sus hombres acaben de dar agua a sus caballos y se retiren a descansar… Mira, aquí llega.

CRATERO

Sí. Aquí estoy. Los preparativos para la batalla de mañana son especialmente complicados.

KLEYTOS

Ptolomeo no vendrá. Ese hermano bastardo de Alejandro no querrá reunirse con nosotros.

CRATERO

También es un general.

KLEYTOS

Ya. Como Hefistión.

PARMENO

Hefistión es algo más que un general. No lo olvidéis. De su sonrisa permanente y sus gestos delicados… se destila el peor de los venenos.

(Llega PTOLOMEO.*)*

PTOLOMEO

Aquí me tenéis.

PARMENO

Bienvenido. ¿Has tenido tiempo de elegir a una de esas sucias mujeres persas que Alejandro nos ha ordenado tomar por esposas?

KLEYTOS   Mirad como calla. ¿Has elegido ya a tu puta persa?

PTOLOMEO   ¿Una de las muchas que has violado, Kleytos? Podrías aconsejarme.

KLEYTOS   Eres patético, Ptolomeo.

CRATERO   No estamos aquí para lanzarnos reproches. Ni para impedir la unión que nuestro ejército necesita más que nunca.

PARMENO   ¿Entonces para qué estamos reunidos?

KLEYTOS   Para detener una ignominia.

PTOLOMEO   ¿Una ignominia? Vamos a aclararnos. Detener una ignominia a espaldas de Alejandro. ¡Esto es una conspiración!

KLEYTOS   Puedes llamarlo como quieras. Alejandro ha rebasado todas las barreras que un soldado griego, un rey macedonio, debe respetar.

PTOLOMEO   ¿Y cuáles son esas barreras?

CRATERO   La primera es defender nuestras costumbres.

PARMENO   Y no aceptar las costumbres de esos pueblos bárbaros como los persas. ¿En qué mundo vives? Hemos venido a este lugar del mundo a conquistar, no a celebrar banquetes con gentes que beben sobre trozos de huesos por muy tallados que los tengan.

PTOLOMEO   (*Ríe.*) Vestir al modo persa es, según tú, una costumbre bárbara. Y de beber en cuencos de hueso, qué te voy a decir, PARMENO.

KLEYTOS   ¿No lo es permitir que esos enemigos no tengan que postrarse ante nosotros?

CRATERO   Comer sus asquerosos manjares.

PTOLOMEO   Que tú tragas y tragas con buenas jarras de vino. ¿No te gusta esa costumbre?

KLEYTOS   Perdonar la vida de sus enemigos, como la de Darío, no solo es traspasar una barrera sino traicionar a tus soldados.

PTOLOMEO   La piedad nunca es una traición.

PARMENO   (*A* KLEYTOS.) En eso tiene razón Ptolomeo. Mostrando su piedad, Alejandro se gana el aprecio de sus enemigos. Es astuto. No os equivoquéis… Igual desea cambiarnos por ellos y acabar con nosotros. Parece mentira que un hombre como él, inteligente y valeroso, hijo de un rey, ignore que por muchas palabras, mucha cultura por aquí, cultura por allá, hermandad, gestos de aprecio y otras memeces, un imperio es un imperio y su único fin es apoderarse de todo lo que pueda.

¿A quién pretende engañar? Si quieres avanzar, extermina.

CRATERO   Puede que tengas razón…

PARMENO   Y la tengo. Alejandro no guarda en su corazón piedad alguna, es pura ambición. ¿O debo recordaros de nuevo cómo acabó con mi hijo, Filotas, el comandante de caballería más valioso del ejército, mi propio hijo…

PTOLOMEO   Tu hijo confesó que conspiraba contra él.

PARMENO   Lo mandó torturar hasta la muerte.

KLEYTOS   Es un juego peligroso ese de buscar el aprecio… ¡Son bárbaros! Esos enemigos, tras ver cómo quedaban vivos tras ser abatidos, lo vitoreaban, pero a sus espaldas volvían a tomar las armas contra nosotros.

CRATERO   Nos rodean miles de enemigos a quienes se les perdonó la vida… Alejandro está ciego.

KLEYTOS   Y olvida de dónde viene.

PTOLOMEO   No permitiré que se insulte a nuestro rey. No puedo seguir aquí por más tiempo.

KLEYTOS   Corre, corre a contarle todo esto a tu hermano… Bastardo cobarde.

PTOLOMEO   ¿Qué has dicho? (*Se abre la túnica y muestra su cuerpo cubierto de heridas.*) ¿Estas son las señales de un cobarde? ¿Acaso tú puedes mostrar algo igual?

CRATERO   Todos estamos cubiertos por las heridas de los combates.

PTOLOMEO   (*Señala a* KLEYTOS.) Algunos se esconden detrás de sus palabras.

KLEYTOS   (*Saca su espada.*) Repite lo que has dicho.

PARMENO   Un momento. No es la hora de las espadas. Estamos aquí para reflexionar y buscar una solución. Y puestos a mostrar heridas podría abrirme el pecho y enseñaros el profundo vacío que ha dejado la muerte de mi hijo.

KLEYTOS   No podemos aceptar que se nos obligue a desposarnos con mujeres persas.

CRATERO   Ni que un eunuco se pasee entre nosotros con altivez y poder, por muy descendiente de Ciro que digan que es.

PTOLOMEO   Bagoas es un criado más de Alejandro.

PARMENO   Algo más que un criado. Posiblemente es quien le ha metido esas ideas absurdas en la cabeza…

(*Llega* HEFISTIÓN.)

KLEYTOS   ¡Hefistión!

HEFISTIÓN   ¿Te sorprende mi llegada, Kleytos? Ya, no he sido convocado a esta… reunión. (*A* PARMENO.) ¿De qué ideas hablabas, PARMENO?

PARMENO   Las conoces mejor que yo.

KLEYTOS   Ideas que harán desaparecer el legado de su padre, Filipo.

HEFISTIÓN   ¿El legado de Filipo? ¿Dónde queda ya el legado de Filipo? ¿En una pequeña franja de tierra llamada Macedonia? ¿Ahí sigue su legado?

CRATERO   Recibió de su padre el trono y su legado era engrandecer el reino.

PTOLOMEO   ¿Y no lo ha hecho? ¿Cuáles son ahora las fronteras de Grecia?

HEFISTIÓN   ¿Cuál es ahora su horizonte? Filipo le entregó el trono… O lo recibió tras su muerte que, por cierto, le llegó al viejo rey tras una noche como esta… de conspiración…

PTOLOMEO   Y Alejandro está llevando ese trono a tierras que jamás habíamos oído nombrar. Y siguió la herencia de su padre hasta dar a Grecia las orillas más vastas que jamás tuvo.

PARMENO ¿Para qué? ¿Para disiparlo mezclándose con gentes bárbaras que jamás aceptarán nuestra forma de vida? Hoy ya no sabemos qué somos. El propio Alejandro viste como un persa, come como un persa, piensa como un persa... Y nuestros soldados comienzan a imitarlo.

HEFISTIÓN ¿Es que no entendéis que al avanzar y hacer aliados nuestra cultura se hace más grande? Eso son detalles mínimos, pero ver cómo pueblos remotos adoptan nuestras leyes, aprenden nuestra lengua y toman a nuestros dioses como suyos, ¿no es motivo de satisfacción?

PTOLOMEO ¿Queréis acaso que retrocedamos, que matemos a quienes nos rodean y permanezcamos solos en estos desiertos sembrando muerte sin obtener nada?

KLEYTOS Me gustaría conocer lo que vosotros obtenéis con estas mezclas.

HEFISTIÓN Si creo que te refieres a lo que pienso...

CRATERO A espaldas nuestras algunos medran y se enriquecen.

PARMENO Y no solo con eunucos y esclavas.

KLEYTOS A espaldas nuestras. Y tú, Hefistión, y tú, Ptolomeo, cercanos a Alejandro, lo sabéis muy bien. ¿Acaso no conoces a alguien cercano a ti que se enriquece con la madera y desea reconstruir las ciudades que hemos destruido? Está en boca de todos, Ptolomeo. Alguien muy cercano a ti.

(Ptolomeo *se echa encima de* Kleytos *y lo agarra del cuello.*)

Ptolomeo   Te mataré, Kleytos, con mis propias manos. Esta calumnia tiene un precio.

Hefistión   (*Separa a* Ptolomeo *de* Kleytos.) ¡Basta! Guardad vuestras fuerzas para mañana en la batalla. En la que por cierto, no habrá espaldas vueltas, ni sombras donde ocultarse, ni palabras necias, sino unión para la victoria.

Parmeno   ¿Y para qué servirá esa nueva victoria? ¿Para sentar en nuestras mesas a más zarrapastrosos bárbaros y aplaudirles sus disparatadas lecciones de… ¿de qué? ¿de moral bárbara? ¿de cultura bárbara? ¡Bah… ni siquiera han oído la palabra cultura! ¿Para qué sirven las victorias, la de mañana sin ir más lejos?

Hefistión   Entre otras cosas para que sigáis vivos y se olvide esta conspiración. (*Los generales* Kleytos, Cratero *y* Parmeno *salen.* Hefistión *detiene a* Ptolomeo.) Mañana en el combate no te separes de Alejandro… ni de mí. Y cuida tus espaldas, Ptolomeo.

Undécima escena.

CORO DE EUNUCOS   Poseer, ser poseído. ¿De qué sirve poseer algo, tenerlo como propio y perderlo al final?

VOZ   Mejor será pertenecer, poder estar y disfrutar, ser algo junto a lo anhelado y salir sin miedo a su pérdida.

C. EUNUCOS   Un alma no es mercancía, ni tan siquiera un cuerpo. Mas pertenecer a esa alma y unirse a ese cuerpo libremente permite amar sin límites.

VOZ   Amar sin límites, sin el escaso horizonte de una vida, sin el pequeño dato de su precio.

C. EUNUCOS   Mirad estas tierras. Jamás deseéis poseerlas, anhelad por el contrario pertenecer a ellas.

HEFISTIÓN   (*En la tienda de* ALEJANDRO.) Ha sido una batalla cruel. Muy cruel. Lo mejor de todo es que los dioses han querido que fuese corta.

BAGOAS   ¿Y nuestro señor?

HEFISTIÓN   Tranquilo, Bagoas. Está perfectamente. Luché junto a él y Ptolomeo, codo con codo.

Ahora está reunido con el general PARMENO. Creo que su actitud en el combate llegando tarde, abre muchas dudas sobre su lealtad.

BAGOAS   Hablaban de que fue herido.

HEFISTIÓN   Un rasguño sin importancia. Oye, Bagoas, aparte de ser su servidor más fiel, lo amas mucho.

BAGOAS   ¿Yo, señor?

HEFISTIÓN   Claro. No te ruborices. No hay nada malo en amar a alguien. Desde hace mucho tiempo observo cómo lo miras, como te agitas, como muda tu color ante él.

BAGOAS   Lo siento mucho. No quería ser un obstáculo.

HEFISTIÓN   ¡Y dale! Te repito que no es malo amar. El rey y yo llevamos el tiempo suficiente juntos como para haber superado algunas cosas.

BAGOAS   Entre los míos no es frecuente ver a dos hombres… Ya me entiende.

HEFISTIÓN   ¿Amarse?

BAGOAS   Sí.

HEFISTIÓN   Ay, el amor, el amor… Vosotros, los persas, veis la vida de forma diferente. Por ejemplo, vuestros dioses… Dos dioses.

BAGOAS   Ahura Mazda, señor del bien, y Ahriman, señor de las tinieblas.

HEFISTIÓN   Inamovibles.

BAGOAS   Como sus preceptos.

HEFISTIÓN   Nosotros, sin embargo, tenemos infinidad de dioses. Y nuestros dioses están sujetos a las mismas pasiones que los mortales. Y entre todos, dioses y hombres se rinde un culto único.

BAGOAS   ¿Cuál?

HEFISTIÓN   El culto a la belleza. Buscar la belleza es honrar a nuestros dioses. Lo mismo en una mujer que en un hombre. La atracción lleva al amor… sea del modo que sea.

BAGOAS   ¿No es siempre el amor un acto de posesión?

HEFISTIÓN   No. Eso no es amor. La belleza ha de estar acompañada por la ternura, la lealtad, el goce y la amistad… Lo otro, no lleva al amor. Es fuerza, violencia, dolor y sometimiento. Yo puedo encontrar esa ternura y esa amistad en un hombre y amarlo, como en una mujer. Por cierto, cuando os castran como fue tu caso, qué buscan, ¿impedir el amor violento…?

BAGOAS   No, mi general. En mi caso y en el de mis compañeros fue una ceremonia delicada. El hecho de castrarnos nos favorece a la hora de trabajar entre mujeres y evitar las tentaciones que Ahriman, señor de las tinieblas, introduce en el corazón de los hombres. Pero yo conservo lo que decís… admiro la belleza, busco la amistad, soy leal y gozo… y creo que amo de esa manera.

(*Llega* ALEJANDRO.)

ALEJANDRO   (*A* BAGOAS.) Te he escuchado, Bagoas. ¡Claro que gozas! (*A* HEFISTIÓN.) Pero de forma diferente, Hefistión. Es cierto que en costumbres amorosas somos pueblos muy diferentes. Vosotros amáis como si el instante del amor debiera extenderse hacia el infinito. Vuestras caricias son un juego lento y preciso que pueden durar horas… Nosotros, y no te digo aquellos impacientes que solo desean su satisfacción, buscamos la consumación pronta.

HEFISTIÓN   Como potrillos salvajes.

BAGOAS   Tenemos un rito para el amor.

ALEJANDRO   ¿Un rito? Me gustaría conocerlo.

BAGOAS   Vamos preparando nuestros sentidos… Perfumes que regularmente, desde horas antes, envuelven las estancias… La canela anuncia que ese día es día de gozo y se abren sus frascos a primera hora… Luego el olor a naranjas presidirá el resto del día hasta caer la noche… Entonces llegan los inciensos que deberán envolver el lecho. Y después, cuando los cuerpos desnudos estén frente a frente, nuestras manos se untarán con los aceites que cubrirán la piel…

HEFISTIÓN   Solo de escucharte empiezo a sentir cómo mi dardo…

ALEJANDRO   (*A* HEFISTIÓN.) ¡Calla, potro desbocado y deja que Bagoas continúe!

BAGOAS   El tacto también ha de prepararse evitando desde horas antes el roce de la piel con cosas desagradables y ásperas.

ALEJANDRO   ¿Como la empuñadura de una espada?

BAGOAS   Cierto. O la sequedad del terruño y las espigas. Las manos y los pies deberán sentir el mullido tacto de las alfombras. Por eso nuestras casas están llenas de ellas… Nada desagradable deberá interponerse entre las pieles que van a gozarse la una de la otra. Por último, la vista. Aquí hay algo que vosotros no entendéis… Y por ello estar desnudos es para vosotros algo corriente. Pero os equivocáis. Esa desnudez inhibe el deseo.

HEFISTIÓN   ¡¿Qué dices?! No hay nada más enervante que contemplar a tu amada o amado desnudos.

BAGOAS
No. No hay nada más excitante que ir viendo cómo nuestro amado o amada se desprenden poco a poco de sus ropajes hasta llegar al último vestigio de ropa y descubrir al fin la desnudez.

ALEJANDRO
Por eso vuestras mujeres visten de esa forma, tapadas hasta los ojos.

BAGOAS
Bueno, por eso y por las arenas del desierto, y el sol...

ALEJANDRO
Y por ello un eunuco debe conocer estas artes.

HEFISTIÓN
Lástima que no pueda disfrutarlas.

BAGOAS
Te equivocas, Hifistión. Soy eunuco, me castraron, me impidieron poder tener descendencia, pero tengo piel, tengo olfato, veo perfectamente y oigo la música que me transporta a donde mi alma imagine... Y por lo tanto, puedo gozar tanto o más que muchos. Y como he dicho antes, amar.

ALEJANDRO
Doy fe de ello.

BAGOAS
El amor es un arte que, por supuesto, todo eunuco que sirve en un harén debe conocer y enseñar tanto a hombres como a mujeres. Pero nadie prohíbe que disfrutemos de ese arte.

HEFISTIÓN
¿Y hacia donde puede llegar ese arte?

ALEJANDRO   Ha dicho hacia el infinito… ¿O hay más, Bagoas?

BAGOAS   Respóndeme tu, Alejandro, como lo hiciste una vez. Cuando te pregunté extrañado si el amor de dos hombres era algo bueno…

ALEJANDRO   (*Se acerca a* HIFISTIÓN *y toma su mano.*) Amar a alguien, hombre o mujer, por amar, por deseo carnal y animal, es promiscuidad… Pero amar a alguien, hombre o mujer, porque el corazón necesita sentir otro corazón, y ambos amantes así lo desean, es amor… puro amor… Y el amor, queridos amigos, jamás puede ser malo. (*Besa a* HIFISTIÓN. *Luego mira a* BAGOAS *y le hace señas para que se acerque. Besa a* BAGOAS. HIFISTIÓN *y* BAGOAS *emocionados no saben qué decir.*) Y bien… Llegados hasta aquí, he de deciros también que un corazón como el mío por el que se disputan los dos amigos más entrañables que tengo, es un gran privilegiado. Por cierto, aparte de ser amigos míos, sois aquellos únicos en los que confío plenamente. Y por ello debo deciros lo que me ha retrasado… PARMENO me ha traicionado. Lo único que falta es esperar el momento oportuno para darle el castigo que merece.

Duodécima escena.

Una melodía rompe el silencio de la escena. Es
Olimpia *que canta desde su lugar.*

Olimpia

«En la cuna del trueno naciste, mi sol,
bajo augurios de dioses y fuego inmortal.
Yo soñé con serpientes danzando en mi lecho
y el Oráculo habló: El rey será.
No eres hijo de hombre, ni carne común,
eres el hijo que Zeus me dejó.
Mi niño, mi león, mi sangre de rey
la gloria te llama, pero lejos de mí.
Cruzas montañas, domas el viento,
derribas imperios, siembras tu nombre
pero en mis noches cuando no estás,
te busco en el eco de antiguas plegarias.
Recuerda, Alejandro, donde empieza tu luz
en mi vientre sagrado, en mi pecho de madre
cuando el mundo te cante, yo lloraré en silencio
porque los dioses te toman y yo te dejé partir.»

(Alejandro *sale a la puerta de su tienda si-*
guiendo el eco de la canción. Hasta él se acer-
ca el cortejo de la princesa Barsine.)

ALEJANDRO   (*Tras las reverencias iniciales, a* BARSINE.) El viento me acerca canciones muy cercanas y queridas. ¿No las escuchas?

BARSINE   No he escuchado nada, mi señor.

ALEJANDRO   Hasta mis oídos ha llegado una canción... (*Duda.*) Mas la voz... esa voz... parecía la de mi madre. No envolverá a este cortejo algún conjuro mágico ...

BARSINE   Desde que nuestro señor, mi padre, Darío, expulsó al mago impostor Gaumatas de la corte, la magia no existe entre nuestro pueblo.

ALEJANDRO   ¿Qué quieres de mi?

BARSINE   No soy nadie para pedir nada al gran Alejandro.

ALEJANDRO   Eres la princesa Barsine, hija el rey Darío y viuda del general persa Memnón de Rodas.

BARSINE   En cuyo cráneo bebió vino uno de vuestros generales.

ALEJANDRO   Y por ello te pido perdón, Barsine, aunque te recuerdo que en la guerra todos los cráneos son iguales.

BARSINE   Como iguales son los destinos de todos los cautivos. Soy vuestra cautiva y acepto ese destino. Desde niña me educaron en la aceptación de aquello que los dioses tienen designado para cada mortal. Crecí cantando las canciones que hablaban de aquellos que caminaban al patíbulo riendo y agradeciendo el final preparado para ellos.

ALEJANDRO   ¿Y esa actitud no conmovía a tus dioses?

BARSINE   Nuestros dioses no son mudables como los vuestros. Sus corazones son inamovibles como sus razones.

ALEJANDRO   Un pueblo sabio que al aceptar su destino, desconoce la desesperación.

BARSINE   No es mi caso. Soy vuestra cautiva y acepto lo que dispongas sobre mí.

ALEJANDRO   Igual hicisteis cuando te designaron como esposo a Besos, el traidor que asesinó a tu padre, Darío, contraviniendo mis órdenes de mantenerlo con vida. ¡Uno de sus generales más influyentes!

BARSINE   Nunca se celebró ese desposorio, señor, antes hubiera preferido morir con mis propias manos. Mas lo que me trae aquí no es discutir sobre nuestras religiones y destinos. Vengo a pediros… Mejor, vengo a entregarte mi vida a cambio de la vida de los míos que mantenéis cautivos como yo.

ALEJANDRO ¿Acaso os va mal en el cautiverio? ¿Por qué tu vida? ¿Alguien la amenaza?

BARSINE Son inocentes y lloran, por supuesto, la muerte del rey Darío. Y temen...

ALEJANDRO ¿Qué temen?

BARSINE Por sus vidas.

ALEJANDRO (*Furioso.*) ¡¿ Pero qué más he de hacer para que me crean todos?! He perdonado la vida del rey persa, al que luego asesinan los suyos... Os mantengo junto a mí con todas las comodidades posibles. Tenéis asiento en mi mesa... Os escucho... ¿Y aún así me seguís temiendo?

BARSINE Yo solo quiero asegurarme de que serán respetadas sus vidas.

ALEJANDRO Eres muy bella, Barsine, hermosa como una rosa del desierto... Pero esos dioses inamovibles hacen que te empeñes en creer lo que nunca sucederá. Los míos, mis dioses, son mudables... van y vienen entre caprichos y pasiones, pero Alejandro, no. En esto soy tan firme como esas deidades tuyas. Aunque visto desde otro ángulo... y ante tu belleza, siento que mi corazón desea algo más que darte mi promesa de respetar la vida de los tuyos.

BARSINE   ¿A qué os referís?

ALEJANDRO   A mi culto a la belleza. Te miro y se remueve en mi interior todo lo que un hombre desea entregar a una mujer como tú.

BARSINE   Me turbáis. No creo que yo sea tal y como dices.

ALEJANDRO   Palabras, palabras, palabras. Se nota que tuve un preceptor maestro de las palabras... *Roozi to rá doost khaham dasht...*

BARSINE   ¡Habláis persa!

ALEJANDRO   Bagoas, es el culpable...

BARSINE   (*Soñadora.*) Bagoas... ¿Cómo os atrevéis a asegurarlo? Eso que habéis dicho... *Roozi to rá doost khaham dasht...* Algún día te amaré...

ALEJANDRO   Porque igual se me ha contagiado algo de tu religión y sigo el destino de los dioses que puede ser algún día...

BARSINE   *Hamishe arezu dashtam ke bazre yek emperatur ra daroonam haml konam...*

ALEJANDRO   «Siempre desee llevar dentro de mí la semilla de un emperador» ¿Es lo que habéis dicho?

BARSINE   (*Enigmática.*) Tal vez...

ALEJANDRO   (*Hace una reverencia de saludo a* BARSINE.) Vol-
             ved tranquila, rosa del desierto, la vida de los
             tuyos estará siempre a salvo.

BARSINE   (*Reverencia de saludo.*) Sois muy generoso,
             Alejandro. Y entiendes muy bien mi idioma.

             (*El cortejo se aleja.*)

Decimotercera escena.

ARISTÓTELES (*Al escribiente.*) Vienes con las manos vacías. Alejandro no se digna a contestar mis mensajes. Empiezo a pensar que aquello que nos unía, se ha roto para siempre. Los rumores señalan que ha perdido el juicio y se ha entregado plenamente a sus inclinaciones. Y no es eso… no es eso. Las noticias que hablan de muerte, destrucción, cautiverio y exterminio, me llenan de amargura el corazón. La unión de los pueblos no puede llevarse a cabo sobre un río de sangre y lágrimas. Las espadas no sirven para estrechar vínculos ni hacer amistades. ¿Llegará un día en el que los pueblos se abracen sin necesidad de luchar para ello? ¿No son las palabras las mejores armas para unir a los pueblos? Toda mi vida la he entregado a reflexionar sobre la condición humana y establecer una lógica que explicara nuestros comportamientos, y así he enseñado a mis discípulos entre los que está Alejandro. En esa lógica no tiene asiento la violencia. En el silogismo más primario se establece que la paz une a las gentes y si no nay paz, esa unión es imposible. ¿Por qué se entrega a la guerra? ¿Por qué nos dice que hace aliados y amigos pero después de derrotarlos en las batallas? No lo reconozco y pienso que las noticias que hablan de su transformación vistiendo a lo persa o adoptando alguna de sus costumbres, es pura frivolidad, un capricho exótico que se da mientras humilla a sus vencidos. Vencidos y vencedores, guerras y posesiones, jamás conciliarán a las naciones. (*Al escribiente.*) ¿Sabemos algo más? ¿Hay algo que me ocultan todos y tú el primero? (*El escribiente niega con la cabeza.*) De acuerdo. Si es así, no me queda otra cosa que aceptar mi destino, comprender que he fracasado con mi discípulo y rogar a los dioses que sean misericordiosos con su final, que su agonía sea fugaz y que se apiaden de nosotros, los que creímos tener en él al más firme defensor del reino, al soldado prudente, y al sabio piadoso. ¡Que los dioses lo protejan y nos protejan!

Decimocuarta escena.

> *La música envuelve el espacio. En la tienda vemos todo dispuesto para un banquete con viandas, adornos florales y personajes sentado en torno a las viandas. Vemos al fondo sentados a los generales;* KLEYTOS, PARMENO, CRATERO *y* PTOLOMEO. *Las danzarinas ocupan el lugar bailando ante los presentes. Entre las que danzan estará* ROXANA. *A la puerta de la tienda llegan* ALEJANDRO *e* HIFISTIÓN. *Antes de entrar se detienen.*

ALEJANDRO   (*Señala a los generales.*) Míralos, dispuestos a disfrutar de los manjares de mi mesa. Juro por los dioses que una sola lanza sería insuficiente para acabar con los traidores que dentro de un momento me aclamarán.

HEFISTIÓN   Domínate, Alejandro. Frena tu ira y disfruta.

ALEJANDRO   ¿Sabiendo que mañana alguno de los que brinden conmigo clavaría su espada en mi espalda?

HEFISTIÓN   Están indignados.

ALEJANDRO   Lo sé. Y no me cabe en la cabeza que unos soldados veteranos hagan caso de chismes y habladurías. Tenemos una campaña por delante destinada solamente a los más aguerridos. Cruzaremos este desierto, el río caudaloso y avanzaremos hacia esas tierras húmedas llenas de palmeras y de cosechas abundantes, donde dicen que trabajan el campo con elefantes.

HEFISTIÓN   No dudo que será un buen aliciente para nuestras tropas, pero antes debes ser prudente. Acalla las voces que te señalan como traidor a nuestras costumbres, excesivamente magnánime con la vida de nuestros enemigos e inclinado a tomar mujeres persas despreciando a las nuestras.

ALEJANDRO   Yo no desprecio a nuestras mujeres. Solo me siento atraído por la belleza.

HEFISTIÓN   (*Señala a una joven muy hermosa que danza sobresaliendo entre las danzarinas.*) Como la de esa mujer, Roxana, la hija de Oxiartes de Bactria…

ALEJANDRO   Tus ojos son mis ojos, Hefistión, y admiras lo que yo admiro. Desde hace tiempo me he fijado en ella. La quiero como esposa.

HEFISTIÓN   ¿Esposa? ¿No te precipitas?

ALEJANDRO   Mi vida es pura precipitación. Hoy, ahora estoy aquí, mañana… dentro de un instante, quién sabe. Por eso he organizado este banquete. Entremos.

(La entrada de ALEJANDRO *en la tienda debe ser triunfal. Las trompetas anuncian su presencia. El recorrido junto a* HEFISTIÓN *hasta ocupar su sitio ante las viandas es apoteósico. Una vez sentado,* ROXANA *se acerca y lo corona con flores. En medio de la tienda irrumpe* HERÁCLITO. *Lleva la cara cubierta por una máscara grotesca y porta un enorme falo, al estilo de Aristófanes.)*

HERÁCLITO   ¡Bom, bom, bom! ¡Ar, ar, ar, ar! *(Desfila esperpéntico y se inclina ante* ALEJANDRO.*)* ¡Oh, mi señor Demos, piedad para conmigo! Tus generales me acusan de… pérfido, ¿qué será eso?, fétido… tampoco lo sé, grueso… ya veis cómo, obsceno… *(Alza el falo.)* Eso sí porque la naturaleza así me ha dotado… Y sacrílego… ¡Me cago en los dioses que no sé qué es tal!… Y yo… *(Baja el falo.)* Solo soy un humilde vendedor de morcillas… Pero bien… Ahora resulta que se me elevó a camarero. Y cuanto más me ufanaba de ello… ¡Zas! La envidia, los celos… la tregua que me dieron que no era otra cosa que una moza gruesa y desaliñada, me arrojan de nuevo a la antigua condición de morcillero… ¡Sube y baja, sube y baja! Y, lo peor, con un castigo tal como este: «Venderás morcillas de carne de burro y perro… (*Señala las viandas.*) Perpetuamente ebrio… (*Bebe de una copa.*) Intercambiarás obscenidades con prostitutas, y no beberás más que el agua sucia de los baños…». (*A* ALEJANDRO.) ¿Qué os parece? ¿Habría alguna justicia capaz de aliviar mi pena? ¿No la hay? Pues con los dioses quedéis… (*Desfila hasta salir.*) ¡Bom, bom, bom! ¡Ar, ar, ar, ar!

(*La salida de* HERÁCLITO *es acompañada por aplausos entusiastas de los presentes.* ROXANA *que ha dejado de bailar se aproxima a* ALEJANDRO. *Está bellísima.*)

KLEYTOS   (*A los otros generales.*) Miradle, ni un segundo ha dudado en poner sus ojos sobre esa extranjera.

ALEJANDRO   (*Alza su copa en dirección a* KLEYTOS.) Salud, Kleytos. Alza tu copa y brinda conmigo por mi inminente desposorio.

PTOLOMEO   (*Alza su copa.*) ¿Y quién es la afortunada?

KLEYTOS   ¿Quién va a ser? Una extranjera.

ALEJANDRO   Una hermosa mujer. Y te conmino, Kleytos a que adoptes una actitud más respetuosa con ella.

KLEYTOS   Yo sé muy bien a quien respetar. Y esa mujer no es digna del respeto de un general griego, ni de un simple ciudadano que ame de verdad a su patria. Tú deberías con tu ejemplo hacer lo mismo.

ALEJANDRO   Esa insolencia no puedo permitirla. Rectifica ahora mismo.

KLEYTOS   ¿Y si no lo hago? ¿Qué piensas hacerme? Reitero lo que he dicho. Nuestro rey ofende a nuestras mujeres tomando como esposa a una extranjera.

ALEJANDRO   Eres un miserable.

KLEYTOS   Y tú un renegado.

ALEJANDRO   *(Fuera de sí.)* Te tragarás tus palabras. *(Lanza con desprecio el contenido de su copa de vino a* KLEYTOS.*)* Si eres hombre, Kleytos, responde con otros argumentos.

KLEYTOS   *(Intenta lanzarse contra* ALEJANDRO.*)* Estos son mis argumentos.

(Entre los generales intentan detener a KLEYTOS.*)*

ALEJANDRO   Siempre fuiste un hijo de mala madre al que las intenciones ocultas han movido en cada uno de sus actos. Esto que estás perpetrando aquí no es digno de alguien a mi servicio.

KLEYTOS   ¡Perro tú! Vendido al enemigo.

ALEJANDRO   (*Toma una lanza dispuesto a atravesar a* KLEY-TOS.) Nadie que injurie a su rey debe seguir con vida.

(*Ahora son los generales los que impiden que* ALEJANDRO *atraviese a* KLEYTOS *con la lanza.*)

PARMENO   He aquí la situación a la que nos lleva tu deseo de tomar por esposa a una extranjera. Extranjera. No debe haber suficientes mujeres en Grecia para que nuestro rey tome esposa.

CRATERO   ¿Hasta dónde llegará tu osadía, Alejandro?

ALEJANDRO   ¿Hablas de las próximas campañas, Cratero?

KLEYTOS   No. Hablamos de tu próxima batalla en el tálamo. ¿Sabes cómo indigna a nuestros soldados tu enfermiza manía de buscar mujeres bárbaras? ¿Acaso no has recibido misivas de tu madre y de tu preceptor, Aristóteles, pidiendo que reconsideres tu actitud.

ALEJANDRO   Eres terco e insistes. ¿Necesita un hombre misiva alguna para conducirse en el amor?

PTOLOMEO   El amor es ciego.

KLEYTOS   Como tú, Ptolomeo, ciego e insensato. Responde, Alejandro. ¿Hasta donde llegará tu osadía?

Alejandro   (*Se pone en pie y levanta a* Roxana.) Hasta aquí. Os presento a Roxana, hija del noble Oxiartes de Bactria.

Parmeno   ¡Una hetaira danzarina! ¡Es el colmo! ¿Crees que con agasajarnos de este modo podrás acallar nuestras protestas?

Alejandro   No pretendo nada. Solo amar a esta mujer como mi esposa. (Alejandro *toma de la mano a* Roxana *y se alejan los dos de la mesa saliendo fuera de la tienda ceremonial.*) Tanto bullicio no es bueno para nosotros dos. Dejemos que el vino los vaya serenando y respiremos este aire del desierto que llega hoy más fresco y perfumado que nunca.

Roxana   ¿Estás seguro de que nuestra boda es oportuna?

Alejandro   ¿Oportuna? ¿A qué llamas oportuna?

Roxana   A lo que acabamos de escuchar. Son tus generales, Alejandro, y yo solo soy una mujer persa que supone para ellos algo más que un obstáculo… te acusan de traidor a tu reino.

Alejandro   Llevan mucho tiempo acusándome de mil cosas. Entiendo que la larga duración de estas campañas, el estar alejados de sus familias e intereses, la fatiga diaria del combate y otras circunstancias, hagan mella en su ánimo y busquen excusas para reprocharme.

Pero... ¿A qué viene desperdiciar este aroma que nos acerca el viento? Roxana... Por muchas protestas, insinuaciones y gritos que salgan de esos generales, mi amor por ti es lo que prevalece.

ROXANA   ¿Tu amor? Me he dado cuenta desde hace tiempo de cómo me mirabas... y me miras... Antes en la danza no quitabas tus ojos de mí... Suponía que el deseo anidaba en tu mente y me parece lógico en un hombre... Pero amor...

ALEJANDRO   Yo también he visto tus miradas cada día. Y pensaba que igual podían deberse a algo más que la curiosidad. Si me permites, creo que has danzado para mí.

ROXANA   ¡Por fin! Mis sueños se están haciendo realidad ahora mismo. Cada noche en mi lecho pensaba y deseaba que el gran Alejandro hubiera sido alcanzado por los dardos de mis ojos. Y me consideraba estúpida con solo imaginarlo. ¿Cómo iba el mismísimo rey a caer herido por mi mirada de amor soñadora? Además, tienes otros intereses.

ALEJANDRO   ¿Cómo no iba a caer herido no solo un rey sino un dios, ante la dulzura de estos ojos que ahora reflejan lo más bello que nadie pudiera desear?

ROXANA   ¿No te cansas de repetir estas palabras de amor?

ALEJANDRO   ¿A qué te refieres?

ROXANA   Veo como miras a otras personas… Hefistión…
Bagoas… Barsine… Y pienso que un corazón
tan… ocupado no puede disponer de un rincón para alguien tan insignificante como yo.

ALEJANDRO   ¡Oh, Roxana, mi Roxana! No un rincón. Mi
corazón entero te entrego. Y sobre tus temores… Descuida. Ninguna de esas personas,
que gozan de mi aprecio y cariño, recibirán
la promesa de matrimonio que te hago.

ROXANA   Alejandro… No sabes cómo mi alma reci-
be estas palabras… Ahora siento que lo soñado se hace realidad. Seré tu esposa y pro-
curaré que mi mirada te hiera cada día y a
cada instante.

(ALEJANDRO y ROXANA *se besan. El apagón mo-*
mentáneo del exterior de la tienda nos lleva a
volver al interior. Suenan trompetas y timba-
les y un cortejo aparece trayendo a ROXANA *con*
velo persa de boda. Detrás de ROXANA *llega*
ALEJANDRO. *Se inicia la ceremonia de la boda.*
Alguien entrega una corona a ALEJANDRO *que*
se la pone a ROXANA. *Los generales asisten es-*
tupefactos a la ceremonia.)

ALEJANDRO   Yo, Alejandro de Macedonia, rey de los griegos y emperador de las tierras conquistadas,
te tomo a ti, Roxana de Bactria, como esposa y reina de todo lo que me pertenece.

ROXANA   Yo, Roxana de Bactria, me entrego a ti, Ale-
                jandro de Macedonia, rey de los griegos, y
                emperador de las tierras conquistadas, como
                esposa y juro ante mis dioses y los tuyos amar-
                te y serte fiel mientras viva.

ALEJANDRO   Que los dioses nos sean propicios. (*Besa a*
                ROXANA.) ¡Vamos, amigos, brindemos y be-
                bamos en mi honor y en el honor de mi es-
                posa! ¡Celebremos la boda como es debido!

                (*Aquí podría iniciarse una música oriental y*
                ROXANA *y* ALEJANDRO *bailarían un instante.
                Bailan las danzarinas y hay vítores.*)

KLEYTOS   (*Arroja el vino de su copa furioso.*) ¡Es un nue-
                vo insulto!

ALEJANDRO   (*Divertido a* KLEYTOS.) Kleytos, amigo, ¿Por
                qué no te unes a la danza? Eres un bailarín
                excelente.

                (KLEYTOS *hace un gesto de desdén.*)

PTOLOMEO   (*Alza su copa.*) ¡Por la felicidad de Alejandro
                y Roxana!

ALEJANDRO   (*A* ROXANA.) Son impetuosos, iracundos...
                Bravos guerreros, pero indomables... Ya te
                irás acostumbrando. Son mejores con la es-
                pada que con las palabras...

PARMENO   Invoca el nombre de los dioses para come-
             ter un sacrilegio. ¿En manos de quién esta-
             mos? ¡Sacrílego!

ALEJANDRO   (*Deja la danza y a* ROXANA *y salta sobre Pár-
             meno.*) ¿Qué has dicho? ¿Estás adelantando
             la hora de tu muerte, Pármeno? Tú me llamas
             sacrílego. ¿Tú? ¿Y cómo se ha de llamar a un
             soldado que incumpliendo su juramento a los
             dioses, abandona el campo de batalla?

PARMENO   ¡Eso es mentira! ¡Eres un hijo de perra!

ALEJANDRO   (*Coge a* PARMENO *por el cuello.*) ¡Una espada!
             ¡Acercadme una espada! Quiero ejecutar aho-
             ra mismo lo que está dictado para este trai-
             dor. Tu hijo salió a ti. Tú sabes muy bien
             cómo engendrar hijos de perra.

PARMENO   (*Se revuelve y se deshace de* ALEJANDRO. *Saca
             una daga.*) ¡¿Cómo te atreves a ensuciar el
             nombre de mi hijo?! ¡Asesino!

PTOLOMEO   (*Se acerca a la pelea con su espada desenvai-
             nada.*) Tienes la mía, Alejandro.

HEFISTIÓN   (*Que estaba algo más alejado, salta hasta el
             lugar y le quita la espada a* PTOLOMEO.) No,
             Ptolomeo, no lo hagas. Es momento de en-
             vainar las espadas y volver a la celebración.

CRATERO   (*Quiere detener la pelea.*) Por favor, caballe-
             ros… Evitad esta escena…

ALEJANDRO   (*Fuera de sí.*) ¡Mi espada!

KLEYTOS   ¿Intentas resolver con una espada aquello que hasta tus propios hombres critican?

ALEJANDRO   ¿A qué te refieres?

KLEYTOS   Tu actitud. Mis hombres y todos los hombres a tus órdenes dudan en este momento sobre tu idoneidad para seguir al frente del reino.

HEFISTIÓN   ¿Dudan? ¿Quiénes dudan?

KLEYTOS   (*Al resto de los generales.*) ¿Acaso estoy diciendo algo que no sea verdad?

PTOLOMEO   Mis hombres, soldados veteranos, jamás dudarían de Alejandro.

CRATERO   Yo siempre te he servido fielmente, como serví a tu padre, Filipo, pero me temo que Kleytos tiene algo de razón.

ALEJANDRO   (*A* KLEYTOS.) Llevas tiempo jugando con estas razones increíbles por falsas. ¿Qué quieres de mí, Kleytos?

KLEYTOS   Si tu padre viviera, Alejandro, sentiría vergüenza de ti.

HEFISTIÓN   (*A* KLEYTOS.) Retira esas palabras.

KLEYTOS   No las retiro. Nuestro rey no es un buen macedonio.

HEFISTIÓN   ¿Estás ciego, Kleytos? ¿Has olvidado cómo en la batalla de Hidaspes cuando el rey Poros nos lanzó aquellas bestias, aquellos elefantes, él fue el primero que dio el paso y los atacó evitando la desbandada de los nuestros? ¿A eso le llamas ser un mal macedonio?

KLEYTOS   ¿Un buen macedonio se viste como un persa, se ayunta con mujeres persas y perdona la vida de esos demonios?

ALEJANDRO   ¿Quién te crees que eres? ¿Te crees mejor que ellos y merecedor exclusivo de la vida? Eres un fanático que confunde la lengua con la espada.

KLEYTOS   (*Señala a* BAGOAS.) Tú confundes a los hombres con las mujeres, a los bárbaros con los griegos, y a los generales con tus esclavos.

(ALEJANDRO *se lanza al cuello de* KLEYTOS.)

ALEJANDRO   ¡Hasta aquí llegan tus insultos, malnacido!

KLEYTOS   ¿Malnacido? (*Se burla.*) Claro, me está atacando un semidios, el hijo de Zeus… que sedujo a su madre con la serpiente. (ALEJANDRO *y* KLEYTOS *pelean.*) Dadle su espada, igual terminamos de una vez con esta insoportable situación.

HEFISTIÓN   (*A* KLEYTOS.) Solo disfrutas con el dolor y la muerte, Kleytos. (*Grita.*) ¡Detened la pelea, camaradas! (*Señala a* ROXANA.) Mirad el semblante de la novia cubierto de lágrimas. ¿Este es el regalo nupcial que merece?

ROXANA   (*Se acerca a* ALEJANDRO *y lo toma del brazo.*) Alejandro, por favor te lo pido… No sigas. Es nuestra boda. No quiero contemplar cómo se derrama sangre en mi boda.

PARMENO   No sería un mal regalo esa sangre derramada si lo es por el bien del imperio.

ALEJANDRO   (*A* PARMENO *antes de que se vaya tras soltarlo.*) PARMENO, es el último paso que das libre.

(BAGOAS *que en el banquete se ha mantenido en segunda fila atento a las copas y a que no les faltara nada a los presentes, se dispone a salir también. Le sale al paso* HERÁCLITO *que cierra el cortejo de quienes se van.*)

HERÁCLITO   (*Desfila grotesco e imita a los generales.*) ¡Bom, bom, bom! ¡Ar, ar, ar! (*A* BAGOAS.) Eh, muchacho… ¿Qué te parece? Esto es el teatro… El mío y (*Señala a los generales.*) el suyo… ¿Cuál es más cierto? No se sabe. Eso es el teatro…

En Grecia, un arte… en la vida, mi vida, una mierda… Como migajas, recibo insultos, alguna risa y algún golpe… Pero soy actor… Morcillero, general, mujeres en huelga de sexo, mujeruca infiel, dama enamorada, político corrupto, sicofante… Esto es el teatro… Un arte… una mierda…

(Salen.)

Decimoquinta escena.

CORO DE EUNUCOS   Desde el alba surgió el aroma de la canela, promesa de goces infinitos, de caricias delicadas, y almas fundidas.

VOZ   Ahora se abren las naranjas y su perfume envuelve a los amantes.

C. EUNUCOS   La piel huye de la espada y el terruño. Todo irá avanzando como la respiración cálida de los esposos.

VOZ   Ella se despoja de su túnica y muestra la gracia del junco.

C. EUNUCOS   Él descubre su torso en el que el sol se recrea poderoso.

VOZ   Sus pechos como tímidas palomas se asoman rosados y húmedos.

C. EUNUCOS   Sus manos temblorosas avanzan sobre la piel ofrecida.

VOZ   El aceite oloroso cubre lentamente cada pliegue de sus cuerpos.

C. EUNUCOS Es la hora del silencio gozoso en el que los gemidos anuncian la llegada del placer.

(*La tienda de* ALEJANDRO *está envuelta por el humo aromático del sándalo y otros perfumes. Como en silueta vemos a* ALEJANDRO *y* ROXANA *en el interior.* ROXANA *unta con ungüentos las manos de* ALEJANDRO.)

ROXANA Retira de tus manos y de tu piel aquello que enturbie las caricias. Y entrégate sin miedo al gozo de mi piel.

ALEJANDRO (*A su vez unta a* ROXANA *en el cuello y hombros con otro ungüento.*) De este modo abro el camino a esas caricias que deseas impidiendo que nada te aparte de mí.

ROXANA (*Se detiene.*) La noche está llena de rumores, Alejandro.

ALEJANDRO No temas, son las voces de los soldados preparando la próxima batalla. Ahora nosotros dos tenemos que librar un combate donde el placer deja a un lado los ánimos del combate.

ROXANA Amor mío. Reposa tus labios sobre los míos y respiremos juntos.

ALEJANDRO (*Besa a* ROXANA.) Y no apartemos nuestras miradas.

(Mientras están unidos en un beso, HEFISTIÓN
está en el exterior de la tienda de ALEJANDRO.
Parece montar guardia.)

HEFISTIÓN   Nada conturbará vuestro amor, nada podrá
traspasar esta entrada e interponerse entre
vosotros. Yo estoy aquí para guardaros. Mi
amor será el guardián del vuestro. Más de
una sombra he visto acercarse amparada en
la noche, pero han huido al verme. ¿Qué
quieren esos fantasmas? ¿Por qué desean
romper este momento? Alejandro y Roxana
se aman. Nada ha de impedirlo.

(En el interior, ROXANA *pone sus manos en los
ojos de* ALEJANDRO.)*

ROXANA   En esta oscuridad. ¿Qué ves?

ALEJANDRO   A ti.

ROXANA   ¿Y cómo me ves?

ALEJANDRO   Como una diosa surgiendo de la espuma,
cruzando las arenas con paso de leona, y vi-
niendo a mí con toda tu plenitud.

ROXANA   *(Que ha puesto una venda en los ojos de* ALE-
JANDRO.) Pronto esa imagen se hará realidad.
(ALEJANDRO *intenta quitarse la venda.)* No.
Espera.

ALEJANDRO   ¿Y cómo me ves tú?

ROXANA   Como un niño intentando alcanzar su jugue-
te más deseado. (ROXANA *se quita la túnica*
nupcial y aparece con una especie de camisa de
seda. Le quita le venda a ALEJANDRO.) ¿Es esta
la imagen?

ALEJANDRO   Mi imaginación no alcanza hasta esta altura,
amada mía, y se queda corta ante lo que veo
ante mí. (*La arrastra al lecho.*) Ven…

ROXANA   No… Aún no. Yo quiero contemplar tu imagen como en mi imaginación se ha creado
desde hace tiempo.

          (ALEJANDRO *se despoja de la túnica. Los dos se*
          funden en un abrazo y van hacia el lecho.)

HEFISTIÓN   Los amantes disfrutan de sus horas más dulces. Y yo, movido por ese amor infinito que
siento por ti, Alejandro, deseo compartir el
gozo con vosotros. Y respirar, lanzar mi aliento sobre vuestro tálamo para que el calor de
mis sentimientos multiplique vuestro placer.
Amaos… amaos hasta confundiros en uno y
yo me fundiré con vosotros. Que nada per-
turbe esta hora.

          (El CORO *puede repetir estrofas como* «Es la
          hora del silencio…» *siguiendo el compás del*
          coito.)

Decimosexta escena.

Las trompetas anuncian que las tropas forman para recibir a ALEJANDRO. *Ante la tienda de* ALEJANDRO *aguardan sus generales. Sale* ALEJANDRO *brillando como una estrella mayor y acompañado por* BAGOAS.

ALEJANDRO   (*A los generales.*) Ha llegado el momento. (*A* CRATERO.) ¿Están dispuestos tus caballos, Cratero?

CRATERO   Dispuestos.

ALEJANDRO   (*A* PTOLOMEO.) ¿Y tus infantes?

PTOLOMEO   Desde el alba aguardan formados tus palabras.

ALEJANDRO   (*A* KLEYTOS.) ¿Alguna novedad, Kleytos?

KLEYTOS   Ninguna.

(*Llega* HEFISTIÓN.)

HEFISTIÓN   (*A* ALEJANDRO.) He ordenado el toque de atención.

ALEJANDRO   Pues vayamos. (*En un lugar sobresaliente se dirige a la tropa.*) ¡Soldados! ¡Macedonios, griegos, tribus del Tigris y aliados! Nuestro avance sigue. Después de alcanzar la otra orilla del río caudaloso, después de haber derrotado a un imperio poderoso, a fieras salvajes que el enemigo nos arrojaba como armas invencibles, la marcha de nuestro ejército no se detiene. ¡Hay un más allá que alcanzaremos! ¡Un más allá que nos pondrá en las páginas de la Historia como el mayor ejército capaz de la empresa más grande que los siglos hayan conocido! Es la hora de elegir. La gloria o la infamia. Aún estáis a tiempo para dar un paso atrás quienes sientan el vértigo de los muchos años alejados de sus hogares, la nostalgia de sus mujeres e hijos, de las comodidades de sus casas, y la seguridad de una vida tranquila y sin lucha. Pero os digo una cosa. Aunque todos dieseis ese paso, yo, Alejandro, rey de Macedonia y Grecia, seguiré avanzando hasta que mi última gota de sangre se evapore. ¡Soldados! Os conozco desde hace mucho tiempo, conozco vuestro cansancio, vuestros temores que son los míos, pero también conozco el valor que anida en vuestros corazones. No temáis. No ocurrirá como en Bactria. He ordenado duplicar las raciones de higos y agua, y se reforzarán las horas de descanso. ¡Vayamos a la victoria una vez más! ¡Vayamos a la victoria por última vez! A partir de mañana, tras el triunfo, volveremos a casa.

(El griterío de las tropas ensordece el ambiente. ALEJANDRO baja de su pedestal. PTOLOMEO se acerca a él.)

PTOLOMEO   Alejandro, hoy los vítores de nuestros soldados no han resonado como acostumbran.

ALEJANDRO   ¿Te has vuelto sordo, Ptolomeo? Yo he escuchado esos vítores y he visto el entusiasmo en sus ojos.

CRATERO   Eran ojos de cansancio. Están consumidos por la fatiga. Algunos tienen en sus venas la sangre justa para avanzar dos pasos.

ALEJANDRO   ¿Me estáis diciendo que estos soldados se niegan a la lucha? ¿De qué soldados me habláis?

HEFISTIÓN   Esperaban más jornadas de descanso.

KLEYTOS   Esperan volver a casa y olvidar esta locura que te invade. No solo es comer más higos y beber más agua.

ALEJANDRO   Mañana volverán a sus casas. Lo acabo de decir y he visto la satisfacción en las caras de esos veteranos. ¿A qué vienen estas palabras de desánimo? (*A* KLEYTOS.) ¿Hay algún detalle sobre el botín que te corresponderá si vencemos, algún detalle que te preocupa? Siempre he sido generoso contigo o tú has sido generoso con tu ambición… Hoy también.

Te triplico los higos, Kleytos… ¿Estás contento? (KLEYTOS *escupe en el suelo.* ALEJANDRO *a* BAGOAS.*) ¿Está dispuesto Bucéfalo?

BAGOAS   Sí, mi señor.

ALEJANDRO   Pues adelante. (*A los generales.*) He dado el paso, aquellos que se nieguen a seguirme, serán considerados traidores.

(*Los generales se miran confusos.* ALEJANDRO *sigue con paso firme. Poco a poco los generales lo siguen.*)

Decimoséptima escena.

En su lugar, OLIMPIA.

OLIMPIA   (*Con serpientes en las manos.*) Marcan el horizonte con sus cabezas… Phytón, Paneas, Lúcubra… Divinos ofidios. ¿Qué veis? ¿Hay algo que oculta el Oráculo a una madre inquieta? ¿Qué le está ocurriendo a mi hijo? No silbáis hoy. Mudas y expectantes dirigís vuestras miradas hacia ese horizonte de donde viene un viento caliente que nada bueno presagia. ¡No, no será verdad! ¡No es la hora fatal que yo temo! ¡Es un dios, un hijo de Zeus, inmortal! ¿O es algún dolor que supera cualquier distancia lo que queréis señalarme? Mi hijo, mi hijo Alejandro… ¿Qué te hiere el alma? ¡Decídmelo serpientes sagradas!

               (*Canta la canción o algunas estrofas. Lecho de* ALEJANDRO *y sobre él,* HEFISTIÓN. *A sus pies hundido y destrozado llora* ALEJANDRO.)

ROXANA   (*A* ALEJANDRO *que sostiene la mano de* HEFISTIÓN.) Su débil voz no deja de repetir tu nombre.

ALEJANDRO   Amigo… mi Hefistión… abre los ojos. ¡Un esfuerzo más! ¡Abre los ojos y mírame!

(HEFISTIÓN *parece intentar un movimiento pero cae exhausto.*)

ROXANA   Apenas tiene fuerzas. Déjalo reposar y esperemos que un aliento lo fortalezca.

ALEJANDRO   ¡Calla! Calla y ven aquí para entregarle tu aliento, tu sangre, tus humores… Únete a mí para insuflarle el ánimo que no tiene. Ayúdame a devolverle el calor.

ROXANA   Mi sangre y mi aliento daría con tal de no verte así, mi amor, mi vida…

ALEJANDRO   ¿Cómo ha podido suceder? ¿Cómo una torre fuerte y segura como él se ha desmoronado día a día delante de mis ojos… ? ¿Qué veneno le han dado? ¿Quién ha querido vengarse de mí arrebatándome lo que más quiero?

ROXANA   Los físicos… el médico, no han podido saber exactamente qué le ha ocurrido… Hablan de aguas infectas de las que pudo beber como ha pasado con muchos de nuestros hombres…

ALEJANDRO   ¿Han sido ya ejecutados? El médico y los físicos.

ROXANA   Sí. ¿Pero de qué sirve tal cosa? Lo único que
                has hecho ha sido incrementar el malestar de
                nuestros hombres que desean volver a casa,
                como les dijiste, y no saben qué esperan.

ALEJANDRO   Ni todas las vidas, los honores y hazañas de
                esos hombres valen juntas lo que Hefistión
                vale para mí. Apenas nacer fuimos unidos y
                crecimos juntos. Jugábamos juntos, amába-
                mos juntos, soñábamos juntos… Y un día…
                Al mirarnos, cuando nuestros cuerpos des-
                cubrieron un torrente cálido que invadía la
                sangre, cuando unimos nuestros labios en
                un beso, comprendimos que viviríamos jun-
                tos y moriríamos juntos. Así que déjame a su
                lado hasta que mi vida se una con su muerte.

ROXANA   (*Se acerca para tomar la otra mano de* HEFIS-
                TIÓN.) A su lado también estoy.

ALEJANDRO   (*Mira a* ROXANA *con una mirada extraña en
                él.*) ¿Quién ha podido dejarle en este esta-
                do? ¿No lo sabes, Roxana?

ROXANA   Lo ignoro. Como tú.

ALEJANDRO   ¿Lo ignoras? (*A* HEFISTIÓN.) Una palabra, ami-
                go… solo una palabra o una indicación para
                señalar al causante de esta enfermedad que
                te consume. (*A* ROXANA.) ¿No sospechas de
                quién ha podido emponzoñarlo? Yo sí… Y
                creo que está muy cerca de mí…

ROXANA   ¿Qué insinúas?

ALEJANDRO Más de una vez he visto tu cara ensombreci-
           da cuando Hefistión y yo nos abrazábamos…
           nos amábamos… Tu corazón no ha podido
           resistir el empuje maldito de los celos.

ROXANA   ¿Cómo dices? Sabes de sobra que en mi amor
           jamás excluí a Hefistión, que desde el primer
           día comprendí la naturaleza de vuestros sen-
           timientos, y asumí, como tú mismo me en-
           señaste, que adorar la belleza era rendir cul-
           to a los dioses. Nunca tuve celos de él.

ALEJANDRO ¡Mientes! Tú en tu locura envenenaste su
           copa para quitarlo de mi camino… Para dis-
           frutar de mi amor de forma egoísta y sucia.
           Has sido tú, Roxana. ¡Maldita la hora en que
           te conocí!

ROXANA   Serénate. El dolor hace que digas lo que no
           sientes.

           (HEFISTIÓN *se incorpora, lo que hace que* Ro-
           xana *y* ALEJANDRO *lo sostengan. Parece querer
           hablar.*)

HEFISTIÓN (*Débilmente.*) Alejandro…

           (HEFISTIÓN *cae expirando.* ALEJANDRO *se abra-
           za a su cuerpo y* ROXANA *desesperada se mesa
           los cabellos.*)

ARISTÓTELES   Siempre fuiste curioso, Alejandro. A tu alrededor veías un mundo que intentabas descifrar. Y ponías tus manos sobre cada criatura con un amor que emocionaba a quienes te contemplábamos. No impostan las noticias que lleguen de ti. Sé que esas manos siguen siendo las mismas y que tu corazón noble apostará por lo mejor para nosotros. Confío en ti y confío en que los dioses te serán propicios. El hombre nace para descubrir el mundo y una vez que conoce lo que le rodea, puede reclinarse sobre el lecho satisfecho y soñar con el horizonte luminoso que le espera.

Decimóctava escena.

El luto, el negro en colgaduras y ornamentos preside la escena. En la tienda de ALEJANDRO *vemos a* CRATERO, KLEYTOS, PTOLOMEO, BARSINE y ROXANA. BAGOAS *está reclinado sobre un lado del lecho donde yace* ALEJANDRO. *Desde la tienda escuchamos a* ALEJANDRO *murmurar algo incomprensible.)*

ROXANA   (A BAGOAS.) ¿Qué dice?

BAGOAS   Me pide que ensille a Bucéfalo.

ROXANA   Delira por la fiebre. Hace un momento llamaba a Hefistión.

BAGOAS   (*Con mucha ternura a* ALEJANDRO.) Señor, Hefistión marchó hace un tiempo. Descansad ahora (ALEJANDRO *intenta levantarse.)* No estáis en disposición, señor. Tienes que descansar… Tienes que reponerte para volver a luchar antes de nuestro regreso… Tienes que descansar, Alejandro. (ALEJANDRO *se deja hacer y se reclina en el lecho.)* Apenas respira.

BARSINE   Me mandó llamar.

BAGOAS   Pedía tu presencia para respirar tu aliento,
            Barsine.

ROXANA   Nos pedía nuestro aliento al ver que el suyo
            le faltaba.

BARSINE   (*Se acerca a* ALEJANDRO.) Aquí estoy, Alejan-
            dro, con mi aliento y mi alma a tu disposi-
            ción. Un día salvaste mi vida y la de los míos,
            hoy quisiera hacer lo mismo con la tuya.

KLEYTOS   Está muy lejos de aquí.

CRATERO   Lleva muchas horas con esas fiebres. No creo
            que llegue al anochecer.

BAGOAS   Siempre hay una esperanza.

PTOLOMEO   Debemos tener fe en los remedios que se le
            han suministrado.

BAGOAS   Uno tras otro los ha ido expulsando de su
            estómago. Mezclados con bilis sanguinolen-
            tas. Nadie sabe qué ha podido corromper su
            interior.

BARSINE   Los médicos persas vinieron con las pócimas
            que limpian las entrañas.

BAGOAS   Y tampoco lograron nada.

PTOLOMEO   Alejandro el Grande yace sin poder derrotar
            a ese enemigo que lo corroe.

KLEYTOS   Su primera derrota.

CRATERO   Y la definitiva.

PTOLOMEO   Esperemos. Es fuerte. Más fuerte que cualquier veneno.

BAGOAS   (*Aprieta la mano.*) Creo que nos escucha. Aprieta su mano a la mía.

BARSINE   (*Se aproxima para besar a* ALEJANDRO.) Acaba de expulsar su último aliento.

ROXANA   (*Se aproxima a* ALEJANDRO *y lo besa también.*) Mi amor… mi amor… ¡No!

     (*Las dos mujeres se funden en un abrazo.*)

BAGOAS   (*Llora echándose sobre el cuerpo de* ALEJANDRO.) Alejandro… Alejandro… mi señor.

PTOLOMEO   (*Saca su espada y la pone en altura sobre el lecho.*) ¡Honor a Alejandro el Grande!

     (*Los otros dos generales hacen lo mismo.*)

OLIMPIA   (*Desde su lugar lanza un grito.*) ¡Oh… ! ¡Alejandro, mi hijo!

     (*Luego se dirige al espejo y lo rompe.*)

ARISTÓTELES   (*Desde su lugar rompe un pergamino.*) Todo tiene un comienzo, y ese comienzo es la semilla de su final. (*Al escribano.*) Recoge nuestras pertenencias y vayámonos lejos de aquí. Creo que ha llegado la hora de saldar agravios. Evitemos que maten de nuevo la filosofía.

Decimonovena escena.

Entre la bruma nocturna, como sombras de otro tiempo, aparece el Coro de Héroes *Griegos:* Aquiles, Ayax, Diomedes y Ulises.

Coro de Héroes   Ved, humanos, cómo el rayo de Zeus es implacable y abate todo lo que sobresale de la tierra. Nosotros te dimos el empuje con nuestras leyendas, hoy venimos a acompañarte al Olimpo soñado.

Aquiles   El valor movió su mano en la lucha. ¿Dónde quedó su empuje valeroso? ¿Dónde, Alejandro, Aquiles?

C. Héroes   Esquiva es la suerte del hombre al final de su vida. Solo los elegidos permanecerán en la memoria.

Ayax   Bravo como un toro salvaje fuiste ante el enemigo. Los siglos reconocerán tu empuje. En tu corazón vive Ayax, Alejandro.

C. Héroes   Un día alcanzaste la gloria y al anochecer tu sombra se borró en el horizonte.

PROMETEO   Luz, tu luz, Alejandro, que iluminó el despertar de tu pueblo y lo guio por senderos infinitos. Los dioses te aclaman como el nuevo Prometeo.

C. HÉROES   No te tembló la mano al arrebatar el fuego divino que presidió tu destino. Luz eras y en luz te conviertes.

ULISES   Nadie igualó tu astucia. La astucia de Ulises. Los astros contemplan admirados tus maniobras.

C. HÉROES   Más allá de la vida mortal no existe nada. De tus hazañas hablarán quienes aún no han nacido.

HERACLES   Te rodearon fieras temibles, monstruos innombrables, criaturas infernales, mas todos ellos cayeron bajo tu poderoso brazo. Honor a Heracles rendiste.

C. HÉROES   La fuerza del viento te acunó al nacer, el ímpetu del Boreas esculpió tu cuerpo. Nada pudo sostener tu marcha.

DIOMEDES   Elegante, hermoso y valiente te nombrarán. Hoy tu cuerpo se somete al hado. Ni la muerte ha podido borrar tu belleza comparable a Diomedes.

C. Héroes   Ved, humanos, como el rayo de Zeus es implacable y abate todo lo que sobresale de la tierra. Honor a Alejandro rey, honor por siempre.

(*El* Coro de Héroes *se abre y llegan unos soldados que portan en unas parihuelas el cadáver de* Alejandro *y lo depositan en el túmulo fúnebre. Bajo la noche, casi clandestinamente, el cadáver de* Alejandro Magno *yace sobre el túmulo funerario. Viste sus galas de emperador: Casco regio, coraza, espada, escudo y el anillo del poder. Los fúnebres tambores rompen el silencio al ritmo cadencioso de exequias. Como sombras y envueltos en sus capotes negros de luto rodean al túmulo los generales de* Alejandro. *Ocultan sus rostros con los yelmos de bronce. En un lugar apartado está* Bagoas *cuya mirada no se aparta del cuerpo inerte de* Alejandro. *Los generales, uno a uno, se acercan al cadáver de quien fuera su jefe. Parece que quisieran honrar su muerte, pero no es así. El primero de ellos toma el casco de* Alejandro *y lo oculta bajo su capote.*)

Kleytos   (*Con el casco en las manos antes de ocultarlo.*) Tu altivez, Alejandro, yace aquí abatida para siempre. Yo tomo tu yelmo y sabré honrarlo con más orgullo que tú. Sin concesiones. A mí me corresponde ser su sucesor, su diádoco.

(*El segundo coge su espada y también la oculta.*)

PARMENO   (*Toma la espada.*) La mano, tu mano que de forma estúpida bajó la espada para ser piadoso, me la cede. Jamás se retirará ante nuestros enemigos mientras yo la posea. (*A* KLEYTOS.) Y seré con la espada quien mejor guíe este reino, Kleytos. Mío será el trono.

(*El tercero despoja a* ALEJANDRO *de su anillo de poder.*)

CRATERO   (*Toma el anillo.*) Tu anillo de poder abraza mi dedo firme. Nunca el poder deberá anillar un cadáver.

PARMENO   Estos signos del poder que recibiste de Filipo, tu padre, y mi señor, pasan a nosotros y se hace por fin justicia. Pero solo uno de nosotros te sucederá.

PTOLOMEO   La justicia que un muerto no puede apelar. Aún no se ha enfriado su cuerpo y os lanzáis hacia el trono como buitres. ¿A eso llamáis justicia?

PARMENO   Sucederle es justicia, al fin y al cabo.

KLEYTOS   Los dioses me darán la razón. Y yo reinaré en Grecia.

CRATERO   Se la darán a quienes siempre fuimos leales.

PTOLOMEO   (*Toma la coraza de* ALEJANDRO.) Las formas de tu cuerpo guardaré para siempre.

Parmeno	(*Ríe.*) Vanas formas huecas que ya empiezan a olvidar su contenido.

(*Los generales siguen como estatuas junto al túmulo.*)

Bagoas	(*Desde algún lugar retirado.*) Nunca imaginé que llegaría esta hora, amado mío. Jamás mi pensamiento podría crear la imagen que mis ojos presencian para mi desesperación. Un enemigo más poderoso que los ejércitos que derrotaste, llegó traicionero y te arrebató el aliento. Tu aliento que siempre fue el mío, que prendía como llama poderosa en tus gentes e incendiaba su sangre, y los empujaba hacia la lucha. Un aliento que siempre era el primero en avanzar sobre el enemigo… sobre mí envolviéndome en ternura e incendiando también mi sangre… Tu aliento, Alejandro, que era mi vida, la única razón de mi vida. Ahora está paralizado. Ahora tu llama se ha apagado. Y los buitres llegan hasta ti para despojarte de tu gloria. ¡Inútiles esfuerzos! ¿Qué pretenden quienes se decían tus amigos? ¿Acaso pretenden borrar todo lo que alcanzaste en vida? ¡Inútiles! No podrán borrar tus huellas sobre mi piel. Serán incapaces de apagar tus besos, de detener tus caricias, de desnudar nuestros secretos…

(*Observa como uno de los generales que se ha acercado hasta el túmulo e inspecciona por si*

*queda algo que expoliar, toma el cadáver y lo
arroja al suelo y escupe sobre él.)*

KLEYTOS   (*Tras escupir.*) Ahora serás carroña para las
aves y memoria en polvo para quienes aún
te recuerden.

PARMENO   Quieren creer que la altura de un hombre se
mide por su situación sobre el túmulo que
lo acoge. ¡Ignorantes!

PTOLOMEO   (*Intenta impedir que ultrajen el cadáver con
sus escupitajos.*) ¡No! Dejadlo en paz.

(*Los generales se enfrentan a* PTOLOMEO.)

CRATERO   Ya no hay nada que defender, Ptolomeo. Es
la hora de coronar a quien merezca ese honor y olvidarnos de quien no supo defender
esa corona. No es tiempo para la duda.

PARMENO   Ni tiempo para la piedad.

PTOLOMEO   Lo arrojáis al suelo ignorando las veces que
ese suelo, ese barro, ese polvo reseco, se cu-
brió con su sangre y lo elevó por encima de
todos nosotros.

KLEYTOS   Y grande ha sido la caída.

(*Los generales se retiran. Oscuro. Ha pasado
mucho tiempo. Entre las brumas del tiempo,
aparece* BAGOAS *vestido de eunuco.*)

BAGOAS   Después de su muerte todo cambió. La ambición de quienes lo rodearon en vida se desató y surgieron las largas disputas y las guerras fratricidas. El imperio se dividió y cada uno de sus generales se apoderó de una provincia. En Babilonia, Pérdicas, el noble Pérdicas, fue designado coordinador del imperio, pero fue asesinado poco después por sus propios oficiales. Cuando su hijo Alejandro cumplió la edad para subir al trono, la espada de uno de sus generales le segó la vida junto con la de su madre, Roxana. Así terminó la empresa que mi amado rey edificó durante su vida. Así acabó la dinastía del hombre al que amé. El hombre que dejó inmortal su memoria, el mayor héroe de la historia, Alejandro el Magno.

Final.

Esta primera edición de *Alejandro y el eunuco persa*,
de Miguel Murillo, terminó de imprimirse
en junio de dos mil veinticinco,
en Madrid.